臺灣自然觀察圖鑑㉕

有毒植物

臺灣自然觀察圖鑑㉕

有毒植物

作者　鄭元春

筆名鄭青、林桓等
民國40年8月27日生於
臺灣省苗栗縣苑裡鎮，
59年畢業於國立臺灣師大附中，
63年畢業於國立中興大學植物系，
63～65年服憲兵預官役，
67年畢業於臺大植物研究所碩士班。
現為省立博物館植物學組組長，
並為大自然雜誌、科學眼雜誌、
自然雜誌等編輯委員。
常為新學友兒童周刊、
鄉間小路(農業周刊)、國語周刊、
智慧雜誌、幼獅少年及兒童日報、
國語日報等撰寫植物專欄。
專長植物分類學及植物攝影。

作者序

最近十幾年來，鄉土科學教育蓬勃地發展，不僅各級學校的師生勤學本土的自然知識，民間的許多團體也會爲小孩或大人舉辦各種自然科學研習活動，於是相關的教材需求殷切，人人無不希望有完備的圖鑑資料可供比對參考，基於這樣的理念，乃於三年前著手蒐集資料，爲出版本書而準備。

有毒植物遍布整個植物界，高等和低等的都有，但本書僅蒐羅蕨類以上的維管束植物，特別是會開花的種子植物。至於有毒蕈類、藻類等資料，只有請讀者們另行去搜尋了。

本書共列出200種有毒植物，它們散布在寶島各角落，有些是本地原生種，有些是外來栽培種，有些則是引進歸化種。它們絕大多數都生長在我們日常活動的範圍裏，如庭園、校園、公園、郊區淺山、道路兩旁甚至住家的各個房間。因此，嚴格說來，大家都身處在危險環境中，尤其是天真無知的孩童，中毒受害的機率更大，的確不能不預作防範。

中國人「食補」的觀念甚强，而補藥大抵爲植物，因誤食或多食補藥導致中毒者時有所聞；另外，國人也喜歡品嚐各種動植物山珍海味，因誤認有毒花草爲可食野菜而中毒者，亦不乏其例。筆者近幾年協助榮總「藥物毒物諮詢中心」鑑定多種有毒植物標本，其病患的中毒原因即多屬此二例。

許多植物的劇毒部位是牛奶般的白色乳汁，這種液體很容易被幼兒觸摸或舔食；多種有毒的觀葉植物是住家和校園的常客，學童誤食而中毒的機率也很高，大人或老師自然有必要瞭解，並運用各種方法來防範小孩中毒。

本書兩百種有毒植物原本計畫依其生長地點作分區性排列，但鑑於大多數種類爲庭園、住家及郊區常見者，似無分區之必要，且分區擺置勢必將同科之成員分開打散，不太科學，故除了前面幾種外，絕大部分種類皆依其科別的英文字母順序排列，同科者則依屬的字母順序列舉，以方便檢索。

希望本書的出版，能讓各級學校師生、家長及喜好植物的人士有參考上的便利；也能讓喜好食補、藥補及嗜食野味的人有所助益。感謝家兄鄭元鑫先生的協助攝影和渡假出版社有限公司負責人陳豐麟先生的協助蒐集資料，謝謝！

目　錄

壹、有毒植物

(上)臺灣木賊的孢子囊穗。

臺灣木賊 *Equisetum ramosissimum* Desf. subsp. *debile*(Roxb.)Hauke

屬於木賊科，木賊屬。多年生草本，地上莖常綠性，高 30～100 公分，根莖匍匐狀，蔓延甚長；在節上有 1～4 分枝，鞘狀葉灰綠色，上端有早落性護齒；孢子囊穗先端尖，約在 8、9 月間長出，12 月間成熟。**別稱**　節節草、接骨草、接骨筒、筆頭菜、木賊草、剃節草等。**英名**　Taiwan scouring rush。**有毒部位**　全株。**中毒症狀**　家畜如大量誤食，會引起脊髓及小腦麻痺；少量長期誤食，則有慢性中毒現象，顯得瘦削而衰弱。**分布**　全省海拔 2000 公尺以下的溪流旁或堤防上，常見於石頭間或草坡間，一般都成羣繁生。**用途**　莖枝成束綑緊，可當刷子利用。全草能治療眼疾及跌打損傷等。

阿ㄚ 里ㄌㄧˇ 山ㄕㄢ 蕨ㄐㄩㄝˊ 萁ㄑㄧˊ

Botrychium lanuginosum
(Wall.)Hook. & Grev.

屬於瓶爾小草科，陰地蕨屬。多年生草本，高約 20～40 公分，根呈肉質性；營養葉長 15～30 公分，寬 20～35 公分，三至四回羽狀分裂，基部的一對羽片最大。孢子葉自營養葉基部以上長出，較營養葉短，其上被有少許茸毛。**別稱**　獨蕨萁、絨毛陰地蕨、蕨萁參等。**英名** Alishan grape fren。**有毒部位**　全株。**中毒症狀**　小型家畜如兔誤食有抽搐現象，幼兒誤食則有昏迷、腹瀉、嘔吐等症狀。**分布**　中南部海拔 1800～2600 公尺的闊葉森林內，常見於路旁、斜坡或林緣，一般爲單生或以小聚落方式存在，阿里山地區較多。**用途**　爲中海拔暖溫帶潮溼林相之指標植物，全株及其生態環境均爲植物地理與植物分類的良好研究題材。

鐵ㄊㄧㄝ線ㄒㄧㄢ蕨ㄐㄩㄝ *Adiantum capillus-veneris* L.

屬於鐵線蕨科，鐵線蕨屬。多年生草本，根莖匍匐狀，密被鱗片；葉柄長 5～23 公分，黑色，纖細而有光澤，葉片長約 11～25 公分，二至三回羽狀複葉，小羽片形態變異頗大，邊緣反卷，用以保護孢子囊羣。**別稱**　鐵線草、鐵絲草、石中珠等。**英名**　Maidenhair fern。**有毒部位**　全株。。**中毒症狀**　家畜誤食過量時，有腹瀉及嘔吐現象，幼兒應避免使之誤食。**分布**　潮溼的蔭棚下或排水溝的側壁間，有時也長在樹下陰溼的磚牆上或有苔蘚類附生的石頭上或石縫裏，經常成羣繁生。**用途**　全株爲解熱及利尿劑；葉片搗碎據說能敷治蛇傷及皮膚病等。

栗ㄌㄧˋ 蕨ㄐㄩㄝˊ *Histiopteris incisa*(Thunb.)J. Sm.

屬於碗蕨科，栗蕨屬。多年生草本，根莖長匍匐狀，被有狹細之栗色鱗片。葉柄長 15～200 公分，粗壯，暗黑色而有光澤，粗者直徑可達 1.5 公分。葉片長度不定，一至數公尺，二至三回羽狀複葉，紙質或亞革質；下表面綠白色，羽片與小羽片均爲對生，基部之小羽片常退化如托葉狀；孢子囊羣線形，在葉緣附近呈連續性之線狀排列，被假苞膜所覆蓋。**別稱**　北投羊齒。**英名**　Histiopteris。**有毒部位**　全株。**中毒症狀**　家畜誤食，有消化道發炎、中樞麻痹等現象，步履不穩、食慾減退，數日後方能恢復。**分布**　廣泛分布於熱帶地區，全省海拔 2000 公尺以下之林緣、陰溼斜坡間均可見及，陽明山一帶尤多，常有大片羣落。**用途**　可供造園之利用。

(上)蕨之生態環境一般都相當乾燥。

蕨 ㄐㄩㄝˊ *Pteridium aquilinum* subsp. *latiusculum*(Desv.)Shieh

屬於碗蕨科，蕨屬。多年生草本，根莖長匍匐狀；葉柄長度在 20 公分以上，幾近於光滑，葉片長 30 公分以上，輪廓爲三角狀卵形；二至三回羽狀複葉，草質或亞革質，下表面光滑或僅具微毛，小羽片的頂端尾狀漸尖；孢子囊羣線形，長在小葉脈的頂端而相互連接；苞膜雙層，外層爲假苞膜，由反卷的小羽片邊緣所形成，內層才是真正苞膜。**別稱** 蕨貓草、蕨兒菜、山鳳尾等。**英名** Eastern bracken fern。**有毒部位** 生的葉片。**中毒症狀** 家畜誤食，造成腸胃發炎，並有中樞神經麻痹的現象；有時則發生步履不穩、血尿、下痢等症狀。**分布** 全省低海拔山野，十分常見。**用途** ①根莖澱粉可製糊料，也是解熱及利尿劑。②葉片可治脚氣及痢疾等。③嫩葉煮熟可食。

陵ㄌㄧㄥˊ齒ㄔˇ蕨ㄐㄩㄝˊ *Lindsaea odorata* Roxb.

屬於陵齒蕨科，陵齒蕨屬。多年生草本，根莖長匍匐狀，密被細小之鱗片；葉柄疏生，稻稈色或棕色，葉片輪廓線狀披針形，先端漸尖，長約 20～50 公分；葉身一回羽狀複葉，兩面平滑，草質；羽片互生，有短柄，下位者間隔較疏，上位者則緊密排列；羽片整個呈歪橢圓形，前緣幾成直線。孢子囊羣邊緣生，每一羽片之裂片有一個，苞膜略呈波狀。**別稱**　刀葉林蕨、刀形陵齒蕨等。**英名**　Lindsaea。**有毒部位**　葉片。**中毒症狀**　人畜食用大量葉片後，會有抗血凝之作用，即增強出血，對潰瘍症者尤其不利。**分布**　全省海拔 1200～2500 公尺之山區，常羣生於林緣或潮溼之斜坡間。**用途**　葉片含香豆素，可作爲香料及化粧品添加料，但不可用於食品中。

三ㄙㄢ 葉ㄧㄝˋ 茀ㄈㄨˊ 蕨ㄐㄩㄝˊ　*Crypsinus hastatus*(Thunb.)Copel.

屬於水龍骨科，茀蕨屬。多年生草本，根莖短匍匐狀，被有紅棕色鱗片；葉片爲單葉或 3 裂葉，偶爾則爲 4～5 裂，或爲不規則形，變異頗大。葉背通常呈綠白色，邊緣軟骨質，並在小葉脈間有細微的缺凹；孢子囊羣圓形，狀如星點，色澤金黃，大而搶眼，不具苞膜。**別稱**　鵝掌金星草、鴨蹄草、鴨脚把、鴨脚香、七草星等。**有毒部位**　全草有毒。**中毒症狀**　全草含香豆素，人畜大量食用，有增强出血的作用，對內臟出血患者尤爲有害。**分布**　全省低至中海拔山區甚爲常見，一般都羣生於陰溼之石壁或樹幹上。**用途**　葉及根爲消腫藥，亦爲解毒劑及解熱藥，可涼血、治結核病等，煎汁或浸酒服用均可，搗爛外敷亦佳。

(下)蘇鐵的種子。

蘇ㄙㄨ 鐵ㄊㄧㄝˇ *Cycas revoluta* Thunb.

屬於蘇鐵科，蘇鐵屬。常綠灌木，高 2～5 公尺，樹幹短而粗，密生落葉後之葉痕。一回羽狀複葉，幼時密被淡黃色毛茸，老則光滑呈濃綠色，叢生莖頂，小葉線形，質硬，葉緣向後反卷。花雌雄異株，雄花長圓錐形，狀如一松毬；雌花自葉叢中抽出，圓球形。種子爲扁倒卵形，外種皮爲朱紅色。**別稱** 鐵樹、鳳尾蕉、鳳尾松、避火樹等。**英名** Sago palm；Sago cycas。**有毒部位** 種子。**中毒症狀** 誤食生鮮種子會引起抽筋、嘔吐、腹瀉和出血等症狀。**分布** 原產我國大陸、琉球等地，臺灣各地普遍栽培。**用途** ①觀賞。②樹皮及嫩莖搗爛，可外敷腫毒。③葉片爲優良之花材。

(小)銀杏的種實。

銀ㄧㄣˊ 杏ㄒㄧㄥˋ　*Ginkgo biloba* L.

屬於銀杏科，銀杏屬。落葉大喬木，枝有長短之別。葉爲扁形，先端之近中心處略作 2 淺裂，有長柄，常 3～5 枚叢生短枝之頂端。雌雄異株；花各生於短枝之上；雄花穗狀，由多數雄蕊構成；雌花長梗，頂端具有心皮 2 枚，各附生 1 胚珠。種子闊橢圓形，核果狀；外種皮肉質而有奇臭，熟時金黃色；內種皮質硬，灰白色，有 2 條縱稜。**有毒部位**　外種皮及綠色的胚有毒。**中毒症狀**　生食或炒食過量，引起嘔吐、腹痛、腹瀉、呼吸困難及昏迷等，嚴重者甚至死亡。**分布**　爲孑遺植物，僅存於東亞，臺灣各地零星栽培，中國大陸及日本甚多。**用途**　①木材淡黃色，質密而柔軟，可供建築及雕刻之用。②種仁味美可食，俗稱「白果」，爲餐桌上之佳肴。③種子及葉片都可入藥。

(小)側柏的花枝。

側ㄘㄜˋ 柏ㄅㄛˊ *Thuja orientalis* L.

屬於柏科，側柏屬。常綠喬木或灌木，高 6～12 公尺；樹皮縱裂成條片狀脫落；小枝扁平，爲鱗片狀；花綠色，單性，雌雄同株；毬花單生枝頂，毬果有種鱗 4 對，未熟時肉質性，成熟後木質化，開裂。花期 3～4 月，果期 9～11 月。**別稱**　柏樹、扁柏、柏子樹、黃心柏等。**英名**　Oriental arbor-vitae。**有毒部位**　枝、葉有小毒。**中毒症狀**　人畜誤食，引起惡心、嘔吐、頭暈、腹痛、腹瀉等症狀，嚴重時出現肺部水腫、肌肉痙攣、腹部絞痛、循環及呼吸衰竭等，甚至危及生命。**分布**　原產中國大陸西部及北部，臺灣各地低至中海拔山區普遍栽植。**用途**　①栽培爲園景樹。②枝葉有利尿、止痛作用；種子爲鎮咳祛痰藥，也可爲强壯劑。

草ㄘㄠˇ麻ㄇㄚˊ黃ㄏㄨㄤˊ *Ephedra sinica* Stapf

屬於麻黃科，麻黃屬。矮小灌木，高 25～60 公分；無明顯木質莖，由根莖上生出枝條，小枝綠色，對生或輪生。葉膜質，鞘狀。雄花毬有多數雄花，淡黃色；雌花毬單生於枝頂，綠色，成熟時苞片肉質，紅色，長卵圓形或近球形；種子 2 粒。花期 5 月，果期 7 月。**別稱** 麻黃。**英名** Chinese ephedra。**有毒部位** 全草及種子。**中毒症狀** 食用大量後，造成中樞神經興奮、過敏、呼吸不順暢、煩躁、心跳過速、頭痛、眩暈、顫抖、出汗及發熱，有的有嘔吐、腹部脹痛、排便困難、胸痛等症狀，重度中毒者則有視覺模糊、呼吸困難、瞳孔放大，最後因呼吸衰竭、心臟麻痹而死。**分布** 四川省原產，臺灣零星栽培，但進口品不少。**用途** ①全株可入藥。②栽培供觀賞。

龍ㄌㄨㄥˊ舌ㄕㄜˊ蘭ㄌㄢˊ *Agave americana* L.

屬於龍舌蘭科，龍舌蘭屬。常綠性灌木，莖極短，葉從地面附近成叢長出，狹披針形，長 1～1.5 公尺，寬 15～25 公分，肥厚而呈革質，綠白色，葉緣具有銳刺。花莖從葉叢中抽出，粗壯，直立，高可達 6～10 公尺。花大型，黃綠色，徑約 6～8 公分，花被漏斗狀，雄蕊 6 枚，子房 3 室，柱頭 3 裂，蒴果長橢圓形，種子多數。**別稱**　萬年蘭。**英名**　Century plant；American aloe。**有毒部位**　汁液。**中毒症狀**　皮膚過敏者接觸汁液後，會引起灼痛、發癢、出紅疹，甚至產生水泡；對眼睛也有相當的毒害作用。**分布**　原產熱帶美洲，臺灣南部及綠島、蘭嶼、馬祖等地有栽培，部分且有歸化現象。**用途**　①葉部纖維可製繩索及織布等。②可成排植成圍籬或美化庭園等。

瓊ㄑㄩㄥˊ麻ㄇㄚˊ *Agave sisalana* Perr. *ex* Engelm.

屬於龍舌蘭科，龍舌蘭屬。常綠灌木，莖短而不明顯，葉帶狀披針形，長 1.3～1.6 公尺，寬 10～12 公分，先端銳，基部近於截形，革質，肥厚，綠色，葉緣無刺。花莖自葉叢中抽出，粗壯，高 4～7 公尺，略生細毛，花序大型，花黃綠或綠色，長約 5～6 公分，花被直立，花被筒長 3～4 公分；雄蕊 6 枚，子房近於球形，蒴果；花莖上常生無性芽，可用以繁殖。**別稱**　衿麻、西沙爾瓊麻。**英名**　Sisal hemp；Hemp plant。**有毒部位**　汁液及氣味。**中毒症狀**　皮膚過敏者接觸其汁液後，可能會引起皮膚紅腫、奇癢、出紅疹；部分人士聞其氣味，會有暈眩、沮喪和失眠現象。**分布**　熱帶美洲原產，恒春半島大量栽培。**用途**　葉部纖維可製繩索、織布等。

(小)華八角楓的花果。

華ㄏㄨㄚˊ八ㄅㄚ角ㄐㄧㄠˇ楓ㄈㄥ *Alangium chinense*(Lour.)Rehder

屬於八角楓科，八角楓屬。常綠小喬木或灌木，幼枝有毛，旋即轉爲平滑。葉卵形至心形，長 8～20 公分，寬 5～12 公分，先端銳尖，基部歪形，全緣或有少許淺裂，葉柄紅褐色，長 4～6 公分；夏季爲主要花期，聚繖花序腋出，有花 3～15 朵，花萼短齒狀，花瓣披針形，長約 1 公分，白色，開後常反卷；雄蕊與花瓣同數，花葯鮮黃，縱裂；核果卵形，徑約 0.7 公分。**別稱**　華瓜木、八角楓、木八角、包子樹等。**英名**　Chinese alangium。**有毒部位**　根。**中毒症狀**　根部煎劑服用過量，引起頭昏、眼花、惡心、胸悶、全身無力、手腳軟癱等症狀。**分布**　我國南部各省，臺灣見之於北部及低、中海拔山區。**用途**　根可治風溼痛，但用法及用量需經醫師指示。

文ㄨㄣˊ 珠ㄓㄨ 蘭ㄌㄢˊ　*Crinum asiaticum* L

屬於石蒜科，文珠蘭（允水蕉）屬。多年生粗壯草本，高1公尺許，具圓柱形鱗莖；葉多數，寬帶狀，厚肉質，螺旋狀簇生排列；繖形花序開於粗壯的花莖頂端，由小花20～50朵組成。花冠白色，裂片枝，下垂性；雄蕊6枚，花絲細長，花葯線形，呈丁字著生；子房下位，蒴果近於球形，先端有宿存花柱，種子大型。**別稱**　文殊蘭、允水蕉等。**英名**　Poison bulb。**有毒部位**　全株。生的鱗莖毒性尤強。**中毒症狀**　誤食引起嘔吐，先便祕後劇烈下瀉，脈搏加快，呼吸不整，體溫上升等；家畜大量誤食將引起神經系統麻痹而死亡。**分布**　臺灣南部、北部、東部、蘭嶼及綠島海濱，各地普遍栽植。**用途**　①觀賞。②地下莖可搗敷毒蟲咬傷等。

火ㄏㄨㄛˇ球ㄑㄧㄡˊ花ㄏㄨㄚ *Haemanthus multiflorus* Martyn.

屬於石蒜科，火球花屬。多年生草本，具扁球形地下鱗莖，直徑約 7 公分；葉 3、4 枚自鱗莖上之短莖生出，葉柄基部呈鞘狀。5～6 月間開花，花莖直立，高 30～70 公分；通常開花時不長葉，花謝後新葉才長出。繖形花序由 30～90 朵小花組成，呈圓球形，徑約 15 公分；小花紅色，有短花筒及 6 瓣細線形花瓣；雄蕊凸出花冠向外，呈火紅色，有明顯黃色花藥。漿果成熟時紅色，結果率不高。**別稱**　血百合等。**英名**　Blood lily。**有毒部位**　鱗莖含有毒的植物鹼。**中毒症狀**　嘔吐、腹瀉等。**分布**　熱帶非洲原產，臺灣普遍栽培。**用途**　觀賞，盆栽或園植均很理想。

孤ㄍㄨ 挺ㄊㄧㄥˇ 花ㄏㄨㄚ

Hippeastrum hybridum Hort

屬於石蒜科，朱蓮屬。多年生草本，鱗莖粗大如洋葱，直徑約 7～11 公分。葉片基生，帶形，長 35～70 公分，鮮綠而有光澤；3～5 月間開花，花莖中空，長約 40～60 公分，頂端著生 3～6 朵花，構成繖形花序。百合形花冠有 6 片花被，花徑 12～22 公分，花色有紅、白、桃紅、橙紅及斑色等，極爲艷麗；蒴果有 3 室，內藏薄膜狀種子上百粒，種子黑色。**別稱**　喇叭花、百支蓮等。**英名**　Amaryllis。**有毒部位**　鱗莖。**中毒症狀**　家畜或幼童誤食鱗莖，會引起嘔吐、昏睡、腹瀉等症狀。**分布**　原產南美洲，臺灣各地普遍栽培，品種十分浩繁。**用途**　①觀賞，盆栽或成排列植最爲理想。②鱗莖可抽取石蒜鹼，以供藥用。

蟞ㄓㄜ 蟹ㄒㄧㄝ 花ㄏㄨㄚ *Hymenocallis speciosa*(L. f. *ex* Salisb.)Salisb.

屬於石蒜科，蟞蟹花屬。多年生草本，地下具有球形的鱗莖，其直徑約7～11公分。葉叢出，具短柄，葉片長劍形，柔軟，肉質性，深綠色而有光澤。夏季開花，花莖自葉叢中抽出，繖形花序有花5～15朵，花色潔白，芳香，花冠裂片6枚，細線形，略向下翻卷，花冠下方則結合成杯狀，係花絲基部癒合而成者；整朵花形如蜘蛛或鳥爪，煞是奇妙。**別稱**　笹蟹百合、蜘蛛蘭。**英名**　Spider lily。**有毒部位**　鱗莖。**中毒症狀**　誤食鱗莖，引起嘔吐、腹痛、腹瀉、頭痛等症狀。**分布**　西印度羣島原產，臺灣各地普遍栽培。**用途**　①觀賞，一般皆作花壇或成排列植於道路兩旁，十分壯觀討好。②花序連總梗可作花材利用。

(小)金花石蒜的鱗莖。

金ㄐㄧㄣ 花ㄏㄨㄚ 石ㄕˊ 蒜ㄙㄨㄢˋ　*Lycoris aurea* Herb

屬於石蒜科，石蒜屬。多年生草本，地下有卵球形鱗莖，徑約 4～公分；葉線形，厚肉質；9～10 月間開花，花莖直立，高 30～60 公分，總苞片披針形，每花序有花 5～10 朵，花色金黃，花被 6 片，長 6～8 公分，邊緣皺波狀；花絲與花葯呈丁字形著生；蒴果扁球形，徑約 1.2～1.5 公分。**別稱**　黃花石蒜、龍爪花、鍾馗蘭、鐵色箭、獨脚蒜頭等。**英名**　Golden spider lily。**有毒部位**　全株有毒，鱗莖毒性較强。**中毒症狀**　誤食鱗莖，有嘔吐、腹痛、腹瀉、舌頭硬質、四肢發冷，嚴重時休克乃至呼吸麻痹而死。**分布**　產於臺灣北部萬里、鼻頭角及東部太魯閣等地，並有商業性栽培。**用途**　①供觀賞，盆栽、花壇栽培均佳。②切花用材。③鱗莖據說可治小兒麻痹。

石ㄕˊ蒜ㄙㄨㄢˋ　*Lycoris radiata*(L'Her.)Herb.

屬於石蒜科，石蒜屬。多年生草本，地下有橢圓形鱗莖，徑約2～4公分，鱗莖外皮紫褐或黑褐色。葉片線形，厚肉質。秋季開花，花莖抽出時無葉，高約30～40公分；繖形花序有總苞保護，每花序有花4～7朵，花被紅色，6片，長約4公分，邊緣皺波狀，花絲與花柱細長。蒴果近於球形，種子黑色。**別稱**　紅花石蒜、老鴉蒜、獨蒜、鬼蒜等。**英名**　Red spider lily。**有毒部位**　全株有毒，花與鱗莖毒性較強。**中毒症狀**　誤食鱗莖，引起頭暈、惡心、嘔吐、腹瀉、心跳減慢、手脚發冷、血壓下降、四肢無力等，嚴重時因呼吸麻痹而死。誤食花朵有發音困難等症狀。**分布**　中國大陸、日本及馬祖原產，臺灣零星栽培。**用途**　①觀賞。②鱗莖爲祛痰劑及催吐劑。

中國水仙 *Narcissus tazetta* L. var. *chinensis* Roem

屬於石蒜科，水仙屬。多年生草本；鱗莖卵圓形。葉直立而扁平，帶狀，長25～45公分，寬1.5～2.5公分。花莖中空，扁平，約與葉等長；總苞片佛焰狀，膜質，繖形花序由4～9朵花組成，花被6片，白色，長約2公分許，有濃郁芳香，雄蕊6枚，副花冠淺杯狀，黃色；蒴果成熟時自動開裂，但自然結果率不高。**別稱**　雅蒜、天葱、金盞銀臺、水仙等。**英名**　Chinese narcissus。**有毒部位**　全草有毒，鱗莖毒性最強。**中毒症狀**　幼兒誤食有嘔吐、腹瀉、脈搏快而微弱、冒冷汗、腹瀉、呼吸忽快忽慢、體溫上升、昏睡、虛弱等，嚴重時發生痙攣、麻痹而死。**分布**　原產大陸及日本，臺灣普遍栽培，極常見。**用途**　①盆栽供觀賞。②鱗莖搗敷治一切毒癰腫，花可治婦人病。

葱ㄘㄨㄥ 蘭ㄌㄢˊ *Zephyranthes candida* Herb.

屬於石蒜科，玉簾屬。多年生矮小草本，地下部分有小鱗莖，徑約3公分。葉叢生，細線形，厚肉質，形如細葱葉，長約20～30公分；夏至秋季開花，花莖自葉叢中抽出，長約30公分，一莖一花，花被6片，白色，雄蕊6枚，花葯黃色；果爲蒴果，近於球形，成熟後3瓣裂，種子黑色，扁平狀。**別稱** 玉簾、風雨蘭、白菖蒲等。**英名** Zephyr lily；Rain lily。**有毒部位** 鱗莖。**中毒症狀** 幼兒偶有誤食鱗莖的情況，結果造成嘔吐、下痢、昏睡、四肢無力等症狀。**分布** 原產南美洲秘魯及阿根廷等地，臺灣各地普遍栽培，常沿庭園步道兩側栽植，甚是美妙。**用途** ①觀賞。②鱗莖搗爛後，可敷治蛇傷、癰瘡等。

韭ㄐㄧㄡˇ蘭ㄌㄢˊ *Zephyranthes grandiflora* Lindl.

屬於石蒜科，玉簾屬。多年生草本，高約 15～30 公分，鱗莖卵球形，徑約 3 公分；葉 5～8 片，扁平狀線形，有如韭菜葉。春末至秋初皆會開花，花期往往在高溫、久旱而普降甘霖之後。花莖長 20～30 公分，一莖一花，花被 6 片，桃紅色，徑約 6.5～12 公分；雄蕊 6 枚，花葯黃色，子房下位；果爲蒴果，近於球形，成熟時 3 瓣裂，露出扁平的黑色種子。**別稱**　紅玉簾、風雨花、花韭、紅菖蒲、假番紅花等。**英名**　Red zephyr lily；Red rain lily。**有毒部位**　鱗莖。**中毒症狀**　誤食鱗莖，引起嘔吐、腹瀉、昏睡、四肢無力等症狀。**分布**　原產古巴、墨西哥、瓜地馬拉及牙買加，臺灣各地庭園普遍栽培。**用途**　①觀賞。②鱗莖搗敷各種毒瘡等。

腰ㄧㄠ 果ㄍㄨㄛˇ *Anacardium occidentale* L.

屬於漆樹科，腰果屬。常綠小喬木，高可達 10 餘公尺。單葉，互生，革質，全緣，具短柄或無柄；花小型，雜性，排列成頂生的圓錐花序；萼深 5 裂，花瓣 5 片，脫落性，雄蕊 7～10 枚，不等長，通常僅有 1 枚爲孕性；子房 1 室，果實腎形，生於梨形而呈肉質的花托上。**別稱**　介壽果、伯公果、槓如樹等。**英名**　Cashew nut。**有毒部位**　果殼夾層中的苛性油脂。**中毒症狀**　接觸生的果殼油脂，皮膚會起水疱；誤食則造成嘴唇和臉部發炎；烹煮果實時，應避免鍋蓋敞開而觸及蒸氣，否則亦將中毒。**分布**　原產熱帶美洲，臺灣各地零星栽植。**用途**　①核仁可食。②樹液可製成墨水。③果肉搾出的油爲上等食用油。④樹皮和果皮產生的油可驅白蟻等。

(下)樹幹採漆之割痕。

漆ㄑㄧ 樹ㄕㄨˋ

Rhus verniciflua Stokes

屬於漆樹科，漆樹屬。落葉小喬木，高 10 餘公尺；奇數羽狀複葉，長 25～65 公分；有小葉 9～13 枚，卵形至卵狀橢圓形，兩邊不對稱。圓錐花序腋生，與葉幾乎等長，花黃綠色，雜性，雄花具 5 枚雄蕊，兩性花也具 5 枚雄蕊，但稍短小，子房 1 室，柱頭三叉狀，核果歪扁圓形。花期 4～6 月，果期 9～10 月。**別稱**　干漆、大木漆、山漆、櫨苗、黍、七、漆等。**英名**　Varnish tree。**有毒部位**　樹液。**中毒症狀**　接觸樹液引起皮膚紅腫，又癢又痛，持續數天；誤食引發口腔炎、嘔吐、下痢、腸胃潰瘍等。**分布**　中國大陸原產，臺灣各地零星栽培。**用途**　①樹液可製漆，果實可取蠟，種仁可搾油，供點燈之用。②乾漆爲破血通經藥，可治月經閉止、產後血暈等。

臺ㄊㄞˊ東ㄉㄨㄥ漆ㄑㄧ樹ㄕㄨˋ *Semecarpus gigantifolia* Vidal

屬於漆樹科，大果漆屬。常綠喬木；葉具粗柄，叢生枝端，革質，橢圓狀披針形，全緣，長 30～45 公分，寬 8～12 公分；圓錐花序頂生，花徑約 15 公厘；萼鐘形，5 裂；花瓣 5 片，白色；雄蕊 5 枚；花柱 3 裂；核果橢圓形，長 3 公分，徑約 2 公分，其下端具有膨大而作心形之花托；花托直徑約 2 公分，熟時暗紅色或黑紫色；種子橢圓形。**英名** Giant-leaved marking-nut。**有毒部位** 樹液。**中毒症狀** 誤觸樹液，引起皮膚紅腫、奇癢、灼熱，持續一週以上；誤食造成嘔吐、腹瀉等。**分布** 臺東大武山以南至恒春海岸，蘭嶼也有分布；各地庭園零星栽培。**用途** ①其樹液經久變爲漆黑色，爲一種漆料。②果托內部之肉質含黏液，可食用。③樹姿頗爲雄偉，可栽培供觀賞。

沙漠玫瑰

Adenium obesum(Forsk.) Balf. *ex* Roem. *et* Schult.

屬於夾竹桃科，天寶花屬。肉質性灌木，高約 50～180 公分，老幹基部肥大而蟠曲，甚具觀賞價值。分枝頗多，枝葉肥厚而具豐沛乳汁。葉片倒披針形或長橢圓形，先端近於平截狀而有小突尖。4～10 月間開花，花序叢集於枝端，花冠漏斗狀，當繁花錦簇時，每每全無葉片，益增其美。花色有深紅、淡紅乃至白色等，花蕊隱藏在冠喉中；果實爲長尖角狀蓇葖果，種子多數，有柔毛協助飛行散佈。**別稱**　天寶花、矮性雞蛋花。**英名**　Desert rose。**有毒部位**　全株有毒，乳汁毒性較强。**中毒症狀**　家畜或幼兒誤食莖葉或乳汁，引起心跳加速、心律不整等心臟疾病。**分布**　全省各地普遍栽植，有越來越多的趨勢。**用途**　觀賞。

軟ㄖㄨㄢˇ枝ㄓ 黃ㄏㄨㄤˊ蟬ㄔㄢˊ *Allamanda cathartica* Linn.

屬於夾竹桃科，黃蟬屬。常綠蔓性灌木，莖蔓長5～6公尺。葉3～4片輪生，長橢圓形，長8～12公分，葉柄甚短；莖葉有乳汁；枝條不具攀緣性。4～12月開花，花蕾形如蟬蛹，而枝條柔軟下垂，因以名之。花金黃色，喇叭狀，徑約10公分，花蕊藏於冠喉中。果實圓形，密生銳刺，但結果率不高。**別稱**　黃鶯。**英名**　Common allamanda。**有毒部位**　全株，乳汁尤甚。**中毒症狀**　誤食汁液或乳汁會引起嘔吐和瀉痢，並會發高燒、惡心、嘴唇紅腫、口乾舌燥；觸及皮膚，造成出紅疹現象。**分布**　巴西原產，全省各地庭園普遍栽培。**用途**　供觀賞，常被植成蔭棚或花廊，也常被種在牆垣或籬笆邊，任其蔓生。

(下)小花黃蟬的果實。

小ㄒㄧㄠˇ花ㄏㄨㄚ 黃ㄏㄨㄤˊ蟬ㄔㄢˊ *Allamanda neriifolia* Hook.

屬於夾竹桃科，黃蟬屬。常綠灌木，高約 1.5～2.5 公尺；葉紙質，3～5枚輪生，長橢圓形或披針形，先端銳尖，基部鈍形，全緣，長 10～15 公分，寬 3～5 公分，表面平滑，背面脈上有毛；晚春至初秋開花，聚繖花序頂生；萼深 5 裂，花冠漏斗形，黃色，冠筒長約 5 公分，下端細而短，花徑約 4～5 公分，內側常具紅褐色縱紋，先端 5 裂；蒴果球形，密生長棘刺，徑約 4～5 公分，種子扁平。**別稱** 夾竹桃葉黃蟬。**英名** Oleander allamanda。**有毒部位** 全株有毒，乳汁毒性最強。**中毒症狀** 誤食造成嘔吐、腹瀉、發燒、惡心、嘴唇紅腫、心跳加快、循環系統障礙等。**分布** 原產巴西，目前臺灣各地普遍栽培。**用途** 觀賞，適合養成園景樹。

長春花 *Catharanthus roseus*(L.)G. Don

屬於夾竹桃科，長春花屬。多年生草本或亞灌木，高約 30～60 公分，全株有豐沛乳汁，並具異味。葉對生，長橢圓形或倒卵形，長 4～7 公分，寬 1.5～2.5 公分，先端圓鈍。幾乎全年皆可開花，花序聚繖狀，腋出或頂生，花冠玫瑰紅、粉紅或白色，高盆碟形；雄蕊 5 枚，生於冠筒中；蓇葖果細長，直立，種子具顆粒狀小突起。**別稱** 日日春、日日草、日日新、三萬花等。**英名** Old maid；Periwinkle；Madagascar periwinkle。**有毒部位** 全株。**中毒症狀** 人畜誤食，造成細胞萎縮、白血球減少、血小板減少、肌肉無力、四肢麻痹等。**分布** 全省各地普遍栽植，並有歸化情形。**用途** ①觀賞，盆栽或園植均佳。②全草入藥，可止痛、消炎、安眠、通便及利尿等。

海檬果　*Cerbera manghas* L

屬於夾竹桃科，海檬果屬，常綠小喬木，枝幹有明顯皮目，全株含豐沛之白色乳汁。葉有柄，叢生枝端，倒披針形或倒卵形，全緣；聚繖花序頂生，花冠長漏斗形，先端5裂，白色，冠喉部呈淡紅色而有毛；雄蕊5枚，心皮2枚；果實橢圓狀球形，其大如雞卵，先端尖，外果皮富含纖維質。**別稱**　山樣仔、猴歡喜、海樣仔。**英名**　Odollam cerberus-tree。**有毒部位**　全株，果實、果仁毒性最強。**中毒症狀**　吃半個果仁即可致死。症狀表現爲惡心、嘔吐、腹痛、腹瀉、手腳麻木、冒冷汗、血壓下降、呼吸困難、心跳停止等。**分布**　產臺灣北、東部及恒春半島與蘭嶼海岸，各地庭園普遍栽植。**用途**　①木材質地輕軟，常用製箱櫃、木屐及小型器具。②爲優良之園景行道樹。

夾ㄐㄧㄚˊ竹ㄓㄨˊ桃ㄊㄠˊ　*Nerium indicum* Mill.

屬於夾竹桃科，夾竹桃屬。常綠性灌木，葉3片輪生，革質，狹披針形或線狀倒披針形，先端銳尖，長12～20公分，寬1～2.5公分；聚繖花序頂生，花桃紅、粉紅或白色，花冠圓筒狀鐘形，徑約5～7公分，有單瓣與複瓣之別，單瓣者有雄蕊5枚，心皮2枚，但相互離生；蓇葖果圓柱形，長20公分左右，種子上端密生淡褐色長毛。**別稱**　啞巴花、桃竹等。**英名**　Oleander；Rosebay。**有毒部位**　全株，燃燒枝葉之煙霧，亦含劇毒。**中毒症狀**　惡心、嘔吐、腹部抽筋、暈眩、昏睡、脈搏微弱、心律不整、瞳孔放大、瀉血、痙攣、呼吸系統麻痺、失去知覺、死亡。**分布**　全島海邊、庭園、耕地、行道等，高速公路中央分隔島上也有大量種植。**用途**　防風及觀賞。

馬ㄇㄚˇ蹄ㄊㄧˊ花ㄏㄨㄚ　*Tabernaemontana divaricata*(L.)R. Br.

屬於夾竹桃科，馬蹄花屬。落葉性灌木，高可達2公尺餘，全體含白色乳汁，樹皮銀灰色。葉有柄，對生或輪生，表面光滑，略呈革質，歪長橢圓形或倒披針形，先端銳形至尾狀漸尖，長約8～11公分。夏、秋季開花，雙歧聚繖花序，花冠白色，盆形；雄蕊5枚，生於冠筒上部；心皮2枚，蓇葖果有毛，內藏紅色種子3～6顆。**別稱**　山馬茶、馬茶花、三友花、山茶等。**英名**　Crape jasmine；Crape gardenia；Pinwheel flower。**有毒部位**　全株。**中毒症狀**　誤食枝葉或花朵，引起嘔吐、腹痛、腹瀉等症狀。**分布**　印度原產，臺灣各地普遍栽培。**用途**　①爲常見之園景樹。②根及莖可治風邪、頭痛及甲狀腺腫。③花亦可入藥。

黃ㄏㄨㄤˊ花ㄏㄨㄚ 夾ㄐㄧㄚˊ竹ㄓㄨˊ桃ㄊㄠˊ *Thevetia peruviana*(Pers.)Schum.

屬於夾竹桃科，黃花夾竹桃屬。常綠小喬木，株高 3～8 公尺，莖頂分枝多且葉茂密，全株具白色乳汁。葉線形，兩端均銳，互生，長 9～14 公分，有光澤，小脈不顯著。花鮮黃色，後漸變爲淡黃紅色，漏斗狀，長約 6 公分，喉部具 5 枚卵形鱗片，散開於枝端。核果扁三角形，徑約 3 公分，種子 1 粒，兩面凸起，堅硬。**英名** Tellow oleander。**有毒部位** 除果肉外，全株含有劇毒，種子比夾竹桃更毒。**中毒症狀** 嚼一粒種子，舌頭便有灼痛及麻木之感，接著喉嚨乾燥、刺痛，中毒情形是惡心、嘔吐、腹瀉、昏睡、瞳孔放大、血壓升高，心跳變慢且不規則，隨即心臟突然阻塞。**分布** 熱帶非洲原產，台灣各地庭園零星栽植。**用途** ①觀賞。②樹皮爲催吐劑及瀉劑。

絡ㄌㄨㄛˋ石ㄕˊ *Trachelospermum jasminoides*(Lindl.)Lemaire

屬於夾竹桃科，絡石屬。纏繞性木質藤本，莖長達數公尺，隨處生氣根，常攀附在樹幹或岩石上。葉對生，常爲卵狀圓形，寬窄不一。春至夏季開花，聚繖花序生於葉腋或枝梢；花冠上緣5裂，各裂片作廻旋狀排列，色白而有芳香；雄蕊5枚，藏於花冠筒內；蓇葖果細長，成熟時裂開；種子有毛。**別稱**　臺灣白花藤、鹽酸仔藤、爬山虎、棉絮藤等。**英名**　Fetid star jasmine。**有毒部位**　全株。**中毒症狀**　誤食莖葉，引起惡心、嘔吐、腹痛、腹瀉、手脚麻木、冒冷汗、呼吸困難等症狀。**分布**　全省低海拔山野，中、南部較爲常見。**用途**　①可栽培供觀賞。②莖葉曬乾，爲消腫、强壯、通經、鎭痛藥，可治喉痛、關節痛等，但用法用量應注意。

箭羽粗肋草。

粗ㄘㄨ肋ㄌㄜˋ草ㄘㄠˇ類ㄌㄟˋ *Aglaonema spp.*

屬於天南星科，粗肋草屬。多年生草本植物，原生種約 50 種，另有許多雜交種。莖直立，不分枝；葉披針形或長橢圓形乃至卵形，中肋兩邊常不等大，通常爲厚革質，葉色暗綠，並散生灰色、乳白色或黃綠色之斑點；葉柄基部鞘狀；肉穗花序常數個聚生，佛焰苞淡綠、黃綠或黃色，結果時便脫落；單性花，雌花在花序下部，雄花在上部，均無花被；果實爲橢圓形之漿果，成熟時橘色或紅色，種子 1 粒。

箭羽粗肋草 *A. nitidum*(Jacq.)Kunth form. *curtisii*(N.E.Br.)Nicol. 原產馬來西亞，直立性，高約 50～80 公分。葉長橢圓形，分枝少，生長緩慢。葉面有整齊之白色脈紋，極爲雅致。

心葉粗肋草 *A. costatum* N.E.Br. var. *immaculatum* 心葉粗肋草之

(上)心葉粗肋草。(下)銀王粗肋草。

變種，植株呈匍匐性；葉卵狀長橢圓形或長橢圓狀披針形，先端銳尖，長 12～20 公分，寬 4～7 公分，葉柄短。全株高約 20～30 公分，適合作小盆栽培。

銀王粗肋草 *A.*× "Silver King" 是箭羽粗肋草和亮葉粗肋草（*A. pictum* "Tricolor"）的雜交後代，品種優良，吸芽發育旺盛，故廣受喜愛，並大量栽培生產。植株爲直立性，高約 30～45 公分，外觀常作叢生狀；葉片茂密，披針形，長 15～20 公分，寬 5～6 公分，厚革質。葉面大都爲銀灰色，有金屬光澤，其餘部分散生墨綠色斑點或斑塊；葉背灰綠，葉柄綠色。

銀后粗肋草 *A.*× "Silver Queen" 也是雜交品種，外觀與銀王粗肋

(上)銀后粗肋草。(下)白雪粗肋草。

草極爲相似，但體形稍高大；葉長 25～30 公分，寬 6～7 公分；色澤與斑點、斑塊分布情形大致和銀王粗肋草相若，但葉柄也有灰綠色花紋，吸芽較少，可資區別。

白雪粗肋草 *A. crispum*(Pitcher *et* Manda) Nicolson　原產菲律賓，直立性，葉卵狀橢圓形或長橢圓形，株高 50～65 公分，全體呈厚肉質；吸芽不多，但生性强健，栽培容易。

別稱　廣東萬年青、萬年青。**英名**　Aglaonema；Chinese evergreen。**有毒部位**　全株。**中毒症狀**　人畜誤食莖葉，會造成口舌發炎、胃痛、腹瀉等症狀。**分布**　全省各地普遍栽培。**用途**　爲廣受歡迎的室內觀葉植物，全年皆可觀賞。

臺ㄊㄞˊ灣ㄨㄢ 姑ㄍㄨ 婆ㄆㄛˊ 芋ㄩˋ　　*Alocasia cucullata* Schott & End

屬於天南星科，姑婆芋屬。多年生直立性草木；根莖粗短，肉質；莖高 30～80 公分，具環形葉痕。葉片半盾狀著生或廣卵狀心形，先端銳尖，全緣。花序柄常單生；佛焰苞肉質，綠色；雌花在下，雄花在上，中央爲中性花。漿果球形，具少數種子。**別稱**　老虎芋、大麻芋、觀音蓮、假海芋、尖尾芋、番芋、小葉姑婆芋等。**英名**　Chinese taro；Chinese ape。**有毒部位**　全株有毒，以根莖毒性較大。**中毒症狀**　誤食引起口部、喉部及胃部灼痛，有時還會出現喉癢、心律不整等症狀；汁液若碰到眼睛，會引發劇痛。**分布**　產中國中部、海南、印度等地，臺灣僅見之於北部低海拔山區，各地藥圃或庭園中也有零星栽培。**用途**　①可當觀葉植物栽培。②根莖搗爛，可外敷腫毒。

姑ㄍㄨ 婆ㄆㄛˊ 芋ㄩˋ *Alocasia macrorrhiza*(L.)Schott & Endl.

屬於天南星科，姑婆芋屬。多年生草本，根莖粗大而斜上，高常超過1公尺；葉廣卵形，長60～100公分；寬20～45公分，先端鈍，基部心狀箭形，全緣或波狀緣；佛焰花序，佛焰苞長橢圓狀披針形；花單性，雄花在花序上半部，雌花在下半部；漿果球形，成熟時深紅。**別稱** 山芋、觀音蓮、海芋、天荷等。**英名** Giant elephant's ear。**有毒部位** 全株之汁液及塊莖。**中毒症狀** 誤食會引起口部、喉部及胃部灼痛，幼兒甚至有痛死之記錄；嚼食花穗造成精神錯亂乃至口部腫脹灼痛，嚴重時死亡。汁液觸及眼睛將造成劇痛。**分布** 全島海拔2000公尺以下山區林下、河邊或陰濕之荒廢地間。**用途** ①葉子可遮雨、包紮物品等。②全草搗碎可敷腫毒及治皮膚病。

(小)由跋的球莖。

由ㄧㄡˊ 跋ㄅㄚˊ

Arisaema ringens Schot

屬於天南星科，天南星屬。多年生草本，塊莖扁球形；葉有柄，柄長15～20公分，葉片爲三出複葉，頂小葉卵狀披針形或菱狀橢圓形；側小葉歪橢圓形或長橢圓形，全緣或波狀緣，葉背緣白色。佛焰苞大型，棒狀圓筒形，長7～12公分，外被白色條紋，先端卷曲。**別稱** 油拔、小天南星等。**英名** Small dragonroot。**有毒部位** 全株，塊莖毒性尤强。**中毒症狀** 禽畜誤食引起抽搐、扭體、呼吸系統障礙等。**分布** 全島海拔2500公尺以上之林地，喜歡陰濕的環境。蘭嶼島上也有。**用途** ①將塊莖掘起後洗淨，搗爛，用以敷治腫毒，也可治療各種皮膚宿疾。②佛焰花序可當插花花材。

ㄘㄞˇ葉ㄧㄝˋ芋ㄩˋ *Caladium* × *hortulanum* Birdsey

於天南星科，彩葉芋屬。多年生草本，地下有塊莖呈球狀。葉根生具有長柄，高約 30～50 公分；葉身先端常向下，銳尖頭，葉基箭；葉面有紅、白、紅紫、綠等斑點或斑塊，此等斑紋也會因栽培環之差異而有變化。葉片大小、形狀及質地各異，均具極高之觀賞價。夏季開花，佛焰苞基部爲綠色；上部則幾乎爲白色；肉穗花序基爲雌花，上部爲雄花。雌花柱頭綠色，受粉後結成漿果。**別稱**　花芋、五彩芋等。**英名**　Fancy-leaf caladium。**有毒部位**　生的葉子塊莖（球根）。**中毒症狀**　誤食後嘴唇、口部和喉部都有麻痺和灼感。**分布**　原產熱帶美洲，經雜交育種後，廣泛地被種植在世界各，臺灣有普遍性之栽培。**用途**　觀賞。

芋 ㄩˋ　*Colocasia esculenta*(L.)Scho

屬於天南星科，芋屬。多年生草本，株高 60～150 公分；塊莖肥大含大量澱粉質。葉大型，有長柄，葉片短箭形，葉柄盾狀著生。夏季開花，肉穗花序，雄花集中在花序上方，雌花集中在花序下方，子房 1 室；雌雄花均無花被。花序外側有大型佛焰苞保護。**別稱**　青芋紫芋、白芋、芋仔、旱芋、芋頭等。**英名**　Taro；Eddo；Dasheen。**有毒部位**　塊莖表皮內層之黏液。**中毒症狀**　皮膚觸及黏液，常引起劇癢，甚至發生紅疹、腫脹等現象。烤火後，較易恢復。**分布**　全省各地普遍栽培。**用途**　①塊莖內之澱粉煮熟後可食，亦可加工製成冰淇淋等食品，滋味頗佳。②葉柄亦可做菜。③塊莖爲緩和、强壯劑。④葉片可用以包裹食品。

(上)黛粉葉。(下)夏雪黛粉葉。

粉葉類 *Dieffenbachia spp.*

於天南星科，黛粉葉屬。多年生草本，莖直立，不分枝而有明顯之節；葉大型，長橢圓形至卵狀橢圓形，全緣，葉柄基部呈鞘狀。品繁多，有些葉面濃綠而散生白點或不規則斑塊，有些則有金黃之色；佛焰花序之總梗從葉鞘中抽出，佛焰苞常呈長圓狀披針形，肉穗序較佛焰苞略短，有些品種會結橙黃或黃綠色之漿果。

粉葉 *D. maculata*(Lodd.)Sweet　產中美洲及南美洲北部，是最早進本省的黛粉葉類植物。大型草本，莖節明顯，高達 70～120 公分葉片長橢圓形，紙質。葉面密生白色斑點，綠白相映，十分耀眼。植物耐陰性與耐陽性均佳，故庭園中亦常有其蹤跡，增加不少與人觸的機會，故應慎防幼兒啃食莖葉。

乳斑黛粉葉

夏雪黛粉葉 *D. amoena* cv. "Tropic Snow"　爲大王黛粉葉的栽培變種，原種產於哥倫比亞和哥斯大黎加。莖粗大，節明顯；葉片厚紙橢圓形，沿中肋兩側有顯著白斑或黃白斑，其斑點所佔面積較原種寬闊。性質强健，但耐寒力弱。常被擺置於客廳、屋簷下或走廊間學童或幼兒誤食的機會大。

乳斑黛粉葉 *D. maculata*(Lodd.)Sweet cv. "Rudolph Roehr."　爲栽培變種，原種產於巴西。株高 80～120 公分，莖深綠色，節部明顯葉片大型，橢圓狀，葉面黃綠，只有葉緣及中肋仍爲濃綠色，適合置在較明亮的角落，冬季易受寒害。

白玉黛粉葉 *D.* cv. "Camille"　栽培變種，株高約 30～60 公分，分

(上)白玉黛粉葉。(下)綠玉黛粉葉。

莖多，枝形緊密，生長迅速。葉卵形或卵狀長橢圓形，長約 15 公分，成熟之葉片常呈乳白色，僅邊緣附近為深綠色，外觀頗為討好。

綠玉黛粉葉 *D.* cv. "Camille" 與白玉黛粉葉外觀十分類似，但葉面色彩不同，在乳白色的葉面上散生多數不規則綠斑。

別稱 萬年青、花葉萬年青、啞蔗等。**英名** Dumb cane；Dumb plant；Mother-in-law's tongue plant；Tuftroot。**有毒部位** 全株有毒，莖毒性最強。**中毒症狀** 汁液與皮膚接觸，常引起發炎和奇癢，觸及眼睛，導致紅腫。誤食莖部，造成口喉刺痛、聲帶麻痹、大量流涎，有時還有噁心、嘔吐和腹瀉等症狀。**分布** 全省各地普遍栽植。**用途** 觀賞。

龜ㄍㄨㄟ 背ㄅㄟˋ 芋ㄩˋ

Monstera deliciosa Liebr

屬於天南星科，龜背芋屬。多年生草本，莖葉粗大，藉攀緣根附著壁或枝柱生長，可延伸高及 7～8 公尺；攀緣根褐色、下垂性，粗而形如電線，並有明顯葉痕；老株的葉片直徑長達 1 公尺以上，邊有深刻裂痕，葉片上亦有長圓形孔洞，猶如開了天窗，又似龜背，爲奇特。佛焰花序開在葉腋，肉穗花序有如香腸或熱狗，成熟時能發鳳梨與香蕉的混合香味，引人垂涎。**別稱**　電信蘭、電線蘭、蓬蕉等。**英名**　Window plant；Breadfruit vine。**有毒部位**　莖葉及汁液有毒。**中毒症狀**　誤食莖葉或汁液，嘴部及喉部有刺痛及燒熱，並會引起倦怠、衰弱及腎功能喪失。**分布**　墨西哥及瓜地馬拉等原產，各地普遍栽培。**用途**　觀賞。

窗孔龜背芋

Monstera obliqua(Miq.)Walp. var. *expilata* Engler

屬於天南星科，龜背芋屬。多年生草本，著生性，有發達之攀緣根。葉橢圓形至橢圓狀披針形，長 15～25 公分，寬 5～9 公分；葉面上有多數圓形、橢圓形或不規則形的孔洞，甚是奇妙。佛焰花序生於葉腋，佛焰苞白色，船形，早落性，花朵密集，子房 2 室，每室有 2 胚珠。**別稱**　窗孔蓬萊蕉、洞洞葉等。**英名**　Window-leaf monstera；Window-leaf。**有毒部位**　莖葉及汁液。**中毒症狀**　誤食莖葉引起嘴部及咽喉部位的刺痛和灼熱感，並可能造成倦怠、衰弱及腎功能障礙等。**分布**　原產亞馬遜河流域各國，民國 56 年引進，目前全省各地零星栽培。**用途**　觀賞，爲優良的室內觀葉植物。

紅柄蔓綠絨

蔓綠絨類 *Philodendron* spp.

屬於天南星科，蔓綠絨屬。多年生草本植物，全世界約有 200 種左右，均爲熱帶美洲原產植物，大都爲附生性，且多數具攀緣或半攀緣之特性。莖粗壯，有氣生根；葉常大型，全緣或缺裂乃至羽裂狀，葉脈平行；葉柄粗大，少數爲膝曲狀。肉穗花序總梗甚短，佛焰苞綠色、白色、紅色或爲其他色彩，宿存性，至果實成熟後仍然存在。花單性，無花被；果實爲漿果，白色至橘色。

紅柄蔓綠絨 *P. imbe* Schott *ex* Endl　原產巴西東南部。是典型的蔓性種類，藉著氣生性攀緣根附著他物向上攀緣生長。莖圓筒狀，徑可達 3 公分許，綠色，新芽部分帶紅褐色。葉呈心狀長橢圓形，邊緣略作波狀，表面綠色，背面紫紅色，葉柄淡綠而有赤褐色斑點。

(上)明脈蔓綠絨。(下)立葉蔓綠絨。

立葉蔓綠絨 *P. martianum* Engler　原產圭亞那和巴西。半蔓性種，生長緩慢。葉片呈狹長橢圓形，葉柄粗壯，多肉質，性耐乾燥。

明脈蔓綠絨 *P. melinonii* Brongn.　原產圭亞那。半蔓性，莖表面有纖維狀包被物，生氣根。葉橢圓狀披針形，長約 50 公分，寬約 30 公分，葉背淡綠而有紫褐色斑點，葉脈黃綠色。

羽裂蔓綠絨 *P. selloum* Koch　原產巴西南部，是直立性的代表種，株高約 60～110 公分。莖粗狀而直立，徑可達 10 公分，上生氣生根並有明顯葉痕。葉於莖頂向各方散生，葉柄長 35～50 公分，葉片濃綠而有光澤，革質，作羽狀深裂。幼年期葉片常爲三角形，以後逐漸變大，羽裂愈深，裂片也越多。

(上)羽裂蔓綠絨。(下)掌裂蔓綠絨。

掌裂蔓綠絨 *P. laciniatum*(Vell.)Engler　原產秘魯、巴西及蘇利南島，典型的蔓藤種，生長遲緩。莖長3公尺以上，徑約1～2公分，莖上生氣生性攀緣根；葉形多變，輪廓廣心臟形，3～5裂，最下方之2裂片再作不規則之分裂。葉色深綠，長12～25公分，寬10～18公分，革質。適合用蛇木柱栽培，或種在庭園樹的樹幹上，任其攀爬。**別稱**　萬年青。**英名**　Philodendron。**有毒部位**　液汁。**中毒症狀**　誤食本類植物之莖葉，往往造成嘴部紅腫，並會產生水泡，腹痛、腹瀉現象亦難避免；皮膚過敏者，還可能引起皮膚炎等不適之症狀。**分布**　全省各地普遍栽培，極為常見。**用途**　觀賞，常作室內觀葉植物利用。

半ㄅㄢˋ 夏ㄒㄧㄚˋ *Pinellia ternata*(Thunb.)Breit

屬於天南星科，半夏屬。多年生草本，塊莖近球形。葉 2～5 片；葉柄基部具鞘，鞘內或葉片基部有珠芽；老株葉片三全裂；佛焰苞綠色，附屬物披針形；肉穗花序直立；花序末端有長絲狀的附屬物。子房一室，胚珠單一，果實爲單一種子的漿果。**別稱**　三不掉、裂刀草、地巴豆、麻芋果、地雷公、地文等。**英名**　Pinella。**有毒部位**　全株有毒，塊莖毒性尤大。**中毒症狀**　誤食塊莖後，對口腔、喉嚨、消化道粘膜均可引起強烈刺激；服用少量造成口舌麻木，多量則燒痛腫脹、發音困難、流涎、嘔吐、全身麻木、肌肉痙攣、呼吸困難，最後麻痹而死。**分布**　產我國大陸及臺灣，新竹以北以及花蓮山區可見，亦常被栽培於藥圃中。**用途**　可鎮嘔、祛痰，治惡心及咽喉痛等。

黃ㄏㄨㄤˊ金ㄐㄧㄣ葛ㄍㄜˊ *Rhaphidophora aurea*(Lindl. *ex* Andre.)Birdsey

屬於天南星科，針房藤屬。多年生蔓性草本，可攀緣在樹幹、石壁或牆垣上，蔓莖常延伸達 20 公尺以上，由節處會長氣根。葉呈心臟形，隨蔓莖伸高而長大，原生狀態下可達直徑 75 公分以上。葉及葉柄、蔓莖均呈黃綠色，葉片上有不規則黃金色或白色斑塊。耐陽更耐陰，故室內和戶外均適合栽培，甚少開花。**別稱**　黃金藤、萬年青等。**英名**　Devil's ivy；Pothos。**有毒部位**　汁液。**中毒症狀**　汁液經常引起皮膚炎；如接觸到口部，會造成嘴唇紅腫，甚至腹瀉等症狀。**分布**　原產所羅門羣島，全省各地大量種植。**用途**　爲極普遍之室內觀葉植物。

海ㄏㄞˇ芋ㄩˋ

Zantedeschia aethiopica(L.)Spreng

屬於天南星科，馬蹄蓮屬。多年生草本，具塊莖。葉柄長達50～90公分，下部具鞘；葉片心狀箭形或箭形，基部心形或戟形，全緣。佛焰苞白色，輪廓呈寬漏斗形，肉穗花序黃色，雄花在上，多數，雌花在下，少數；漿果淡黃色，但結果率不高。**別稱** 馬蹄蓮、野芋、水芋等。**英名** Calla of gardeners。**有毒部位** 塊莖、佛焰苞及肉穗花序有毒。**中毒症狀** 咀嚼一小塊塊莖後即可引起喉部腫痛及嘴部麻痺，曾有報導，一位8歲的小女孩因嚼食花序而中毒，昏迷12小時，24小時後才恢復。**分布** 原產南非洲，臺灣目前有大量栽培，花市裏幾乎四季皆可買到。**用途** ①佛焰花序爲普受歡迎的花材，可插花、製造花籃及新娘捧花等。②根及葉磨醋，可敷治蟲瘡惡癬。

洋常春藤 *Hedera helix* L.

屬於五加科，常春藤屬。常綠大藤本，有許多栽培變種。莖生氣根以攀緣他物，嫩葉及花序被有星形鱗片。葉有柄，厚質，匍枝之葉稍作三角形，掌狀，3 裂，稀 5 裂；老枝之葉廣披針形至卵圓形，亦常作菱狀卵形，長 3～6 公分，寬 2～4 公分。秋季開花，繖形花序生於枝端；花黃或綠黃色，花瓣 5 片，雄蕊 5 枚；果實爲漿果狀核果，球形，熟時黑色，有宿存花柱。**別稱**　常春藤、長春藤、土鼓藤、木蔦、百脚蜈蚣等。**英名**　Common ivy；English ivy。**有毒部位**　果實、種子和葉。**中毒症狀**　孩童誤食，引起腹痛、腹瀉等症狀，嚴重時腸胃發炎、昏迷乃至呼吸困難等。**分布**　日本、韓國和歐洲，北非原產，臺灣各地普遍栽培。**用途**　①觀賞。②莖葉可當發汗劑及解熱劑。

福ㄈㄨˊ 祿ㄌㄨˋ 桐ㄊㄨㄥˊ

Polyscias guilfoylei (Bull *ex* Cogn. *et* March.) Bailey

屬於五加科，福祿桐屬。常綠性灌木，株高 1～3 公尺，分枝皮孔顯著。葉互生，奇數羽狀複葉，小葉 3～4 對，對生，橢圓形或長橢圓形，鋸齒緣，葉緣附件常有白斑。6～8 月開花，繖形花序，小花淡綠白色，萼瓣各 5 片。品種頗多，有圓葉、羽葉、鑲邊圓葉、芹葉等品系。**英名**　Guilfoyle polyscias；Wild coffee。**有毒部位**　汁液有毒。**中毒症狀**　皮膚較敏感者，接觸其汁液，可能引發紅疹；碰到口部時，有時會引起腫痛而無法吞嚥。**分布**　波里尼西亞原產，臺灣各地庭園零星栽培，各品系亦均有類似毒性，故栽植時，應注意防範。**用途**　栽培供觀賞，室內室外兩相宜，盆栽或園植亦均可行。

馬ㄇㄚˇ利ㄌㄧˋ筋ㄐㄧㄣ　*Asclepias curassavica* L.

屬於蘿藦科，馬利筋(尖尾鳳)屬。多年生草本，直立性，株高40～180公分，全株乳汁豐沛。葉對生，披針形或長橢圓狀披針形，先端銳尖或銳形。春至初冬開花，聚繖花序作繖房排列，自葉腋發出，有長總梗，花冠輪形，紅色，裂片有反卷現象；副花冠橘色，有角狀突起，花葯蠟質，花粉塊狀。蓇葖果卵狀長橢圓形，先端細尖；種子有白髮狀軟毛附著，便於飛行散布。**別稱**　蓮生桂子花、尖尾鳳、芳草花。**英名**　Blood-flower。**有毒部位**　全株有毒，乳汁毒性尤強。**中毒症狀**　誤食乳汁引起衰弱、腫脹、無法站立或行走，發高燒、脈搏加速但微弱、呼吸困難、瞳孔放大等。**分布**　各地零星栽植，並有歸化現象。**用途**　①觀賞。②餵養蝴蝶。③取種子軟毛供各種用途。

(下)八角蓮的花。

八ㄅㄚ 角ㄐㄧㄠˇ 蓮ㄌㄧㄢˊ *Dysosma pleiantha*(Hance)Woodson

屬於小蘗科，八角蓮屬。多年生草本，根莖在地中橫走；莖單一，直立，高 20～40 公分，頂端 2分岔，各生一葉，葉形似蓮，葉片盾狀而近於圓形，長寬各約 15～35 公分，8～9 淺裂，裂片卵形，邊緣有刺狀細齒；4～5 月開花，5～8 朵簇生於兩根葉柄交叉處，花被深紫紅，下垂開展，花朵基部有 2 蜜腺，雄蕊 6 枚，子房淡黃色；漿果橢圓形。**別稱**　八角連、旱八角、葉下花、一把傘、獨葉一枝花、獨角蓮等。**英名**　Mayapple。**有毒部位**　根莖。**中毒症狀**　服用根莖過量，造成腹痛、腹瀉、四肢無力等症狀。**分布**　散生於全省海拔 1000～2500 公尺之山區，中、北部較多。**用途**　①栽培供觀賞。②根莖爲瀉劑，亦可當蛇、蟲咬傷之解毒藥，外敷患部即可。

醉魚草 *Buddleia lindleyana* Fort. *ex* Lindl.

屬於醉魚草科，醉魚草屬（或作馬錢科，揚波屬）。落葉性灌木，高約 1.5～2.2 公尺；小枝四稜狀而有狹翅，嫩枝、葉背及花序均被有星狀毛茸；葉對生，披針形，全緣或有稀疏齒牙。春至夏季開花，花序頂生於枝梢，呈穗狀排列，花萼與花冠均密生細鱗片，花冠紫色；蒴果橢圓形，被有鱗片，種子細小，多數。**別稱** 毒魚木、羊腦髓、樚木、鬧魚花等。**英名** Chinese butterfly bush。**有毒部位** 全株有毒。**中毒症狀** 人畜誤食新鮮的莖葉或花，會造成頭痛、頭暈、惡心、嘔吐、腹痛、腹瀉、呼吸困難、四肢麻木等症狀。**分布** 原產中國大陸，臺灣各地零星栽培。**用途** ①爲優美之庭園花木。②農業上以其莖葉或花的汁液用於滅鼠、殺蟲、捕魚等，據說效果不錯。

小ㄒㄧㄠˇ葉ㄧㄝˋ黃ㄏㄨㄤˊ楊ㄧㄤˊ *Buxus microphylla* Sieb. & Zucc.

屬於黃楊科，黃楊屬。小灌木，高 0.5～1 公尺；小枝近四稜形。葉對生，薄革質，葉片匙形，長 1～3 公分；寬 5～8 公厘，中肋兩面凸出。花單性，雌雄同株；花序腋生或頂生，花密集，排列成頭狀。蒴果近球形。花期 3～5 月，果期 8～10 月。**別稱**　雀舌黃楊、細葉黃楊、黃梨樹、黃楊木、匙葉黃楊等。**英名**　Small-leaf box tree。**有毒部位**　葉和樹皮有毒。**中毒症狀**　葉子常被拿來做釀酒原料，人飲用後，常有中毒情形，其主要的症狀有頭暈、腹痛、腹瀉和痙攣；嚴重時會出現强烈疝痛，呼吸與循環系統障礙等症狀，甚至有死亡之報導。**分布**　原產我國大陸及日本，臺灣各地零星栽培。**用途**　常栽植爲綠籬，以供觀姿賞葉或美化庭園；亦可盆栽作爲觀葉植物。

半ㄅㄢˋ邊ㄅㄧㄢ蓮ㄌㄧㄢˊ *Lobelia chinensis* Lour

屬於桔梗科，半邊蓮屬。多年生草本，全株光滑。莖細長，傾臥狀或匍匐狀，節處生根。葉互生，狹橢圓形或披針形，長1～2公分，寬2～5公厘，葉緣有細鋸齒或近於全緣。夏、秋兩季開花，花梗細長，生於葉腋，花冠不整齊，白色或淡紫紅色，長5～12公厘，裂片5枚，上唇2片，直立，下唇3片稍下垂；花絲結合成筒，聚葯雄蕊；蒴果圓錐形，種子多數。**別稱**　細米草、急解索、鐮刀子草、水仙花草、半邊荷花等。**英名**　Chinese lobelia。**有毒部位**　人畜誤食，有惡心、嘔吐、頭痛、腹痛、腹瀉、瞳孔放大等症狀，嚴重時有血壓下降、昏睡乃至呼吸麻痹、心臟麻痹等。**分布**　全省低海拔水溝邊及潮濕處，十分常見。**用途**　可治蛇傷、刀傷、惡瘡等，有消腫散毒的作用。

白ㄅㄞˊ花ㄏㄨㄚ 菜ㄘㄞˋ *Cleome gynandra* L.

屬於白花菜科，白花菜屬。一年生草本，高 40～90 公分；莖有縱溝紋；幼枝稍被腺毛。掌狀複葉具 5 枚小葉，葉膜質，倒卵形。總狀花序頂生，具葉狀 3 裂的苞片；花瓣白色或淡紫色，有爪。蒴果圓柱形，有條紋；種子小，多數，黑褐色。花期 5～8 月，果期 6～9 月。**別名** 羊角菜、豬屎菜、臭狗糞、臭豆角、屢折草、白花子菜等。**英名** Spider flower。**有毒部位** 全草有毒。**中毒症狀** 食用多量之莖葉，引起視覺模糊、四肢無力、頭痛、頭暈、瞳孔中度散大、對光反射遲鈍等症狀，嚴重者在 1～2 日後完全失明、癱瘓等。**分布** 廣泛分布於熱帶地區，臺灣南部及各離島的海邊、荒地、路旁十分常見。**用途** ①全草爲解熱、利尿、驅蟲藥。②全草搗爛，可敷風濕痹痛等。

臺灣及己 *Chloranthus oldhami* Solms

屬於金粟蘭科，金粟蘭屬。多年生草本，高 30～50 公分；根莖橫走，側根密集；莖節明顯。葉對生，通常 4 片，紙質，卵形或披針狀卵形，長 8～12 公分，寬 5～8 公分，邊緣有鋸齒。穗狀花序生於莖端，有 2～3 分枝，花小，白色，無花被和花柄，雄蕊 3 枚，漿果梨形。花期 4～5 月。**別稱**　四葉蓮、四季春、四大金剛、對葉細辛等。**英名**　Taiwan chloranthus。**有毒部位**　根部。**中毒症狀**　成人口服超過 10 克，即可發生中毒，症狀較輕者有嘔吐、頭昏、口渴、意識模糊、結膜充血、昏迷等，重者恐有致命之虞。**分布**　全省海拔 500～1000 公尺之陰濕樹林下，呈散生狀態。**用途**　①栽培供觀賞。②全草曬乾，可敷治蛇傷及腹痛，亦可敷療瘡毒。

使ㄕˇ君ㄐㄩㄣ子ㄗˇ *Quisqualis indica* L.

屬於使君子科，使君子屬。攀緣性灌木，幼時全株被銹色柔毛。葉對生，有短柄，長橢圓形或披針形，全緣；葉柄基部宿存，並逐漸硬化爲刺狀。繖房狀穗狀花序頂生；花瓣由白變紅，有香氣；萼筒細長，5 裂；雄蕊 10 枚，花絲細而短；子房下位，花柱極長。果實橄欖狀，成熟時黑褐色，有 5 稜。花果期 5～10 月。**別稱**　留求子、病疳子、杜蒺藜子、水君木葉等。**英名**　Rangoon creeper。**有毒部位**　種仁有小毒。**中毒症狀**　生吃大量種仁，常發生頭痛、眩暈、惡心、嘔吐、出冷汗、手腳冰冷等症狀，嚴重時有抽搐、呼吸困難、血壓下降等病症。**分布**　熱帶亞洲，全省各地庭園普遍種植。**用途**　①開花株供觀賞。②果實可驅蛔蟲，根則爲健胃、驅蟲藥。

蚌ㄅㄤˋ蘭ㄌㄢˊ *Rhoeo spathacea* Stearn

屬於鴨跖草科，紫萬年青屬。多年生粗壯草本。株高 30～60 公分左右，葉長橢圓狀披針形，先端漸尖。葉長 15～40 公分，寬 4～6 公分，抱莖，互生緊密。葉面暗綠色，葉背暗紫色，葉片肥厚而略呈革質。花淡紫色，由株基之葉腋處開出，爲蚌狀之兩片紫色苞片所包被，花白色或淡紫色；花絲有長毛，蒴果。**別稱**　紫背鴨跖草、紫背萬年青。**英名**　Boat lily；Oyster plant。**有毒部位**　汁液有毒。**中毒症狀**　莖葉很脆易折，故汁液易於接觸皮膚，引起刺痛和奇癢，常在手腕下方及其他比較沒有接受到陽光的皮膚上生出許多小疹子。**分布**　墨西哥、瓜地馬拉及西印度羣島原產，臺灣各地普遍栽培。**用途**　①觀賞。②觀察植物細胞用。③全草可治瘀血、肺炎、咳嗽、打傷等。

紫ㄗˇ錦ㄐㄧㄣˇ草ㄘㄠˇ *Setcreasea purpurea* Boom

屬於鴨跖草科，紫錦草屬。多年生草本，植株匍匐或蔓生下垂，莖葉均呈濃紫或暗紫色；葉爲長橢圓形，先端漸尖，基部抱莖，葉面有軟絨毛，質厚而脆，易折；夏季開花，花色桃紅，開於各分枝頂端，有蚌殼狀苞片保護；花瓣 3 片，雄蕊 6 枚，花絲有毛，子房 3 室，每室有 2 胚珠；蒴果。**別稱**　紫鴨跖草。**英名**　Purple heart；Purple queen。**有毒部位**　汁液。**中毒症狀**　皮膚過敏者觸及汁液，常造成刺痛、紅腫和起疹子，數天後才會痊癒。**分布**　原產於墨西哥，目前全省各地普遍栽培，部分乾燥、向陽或半向陽之斜坡及荒地有歸化之族羣。**用途**　觀賞，常養成吊盆，或種在石縫、假山、斜坡間，讓其自然下垂。四季皆具觀葉效果，但陽光不足，葉色較灰暗，美感降低。

藿ㄏㄨㄛˋ香ㄒㄧㄤ薊ㄐㄧˋ　*Ageratum conyzoides* L

屬於菊科，藿香薊屬。一年生草本，高約 50 公分，全株生有軟毛；葉對生，卵形或略作心臟形。花期不定，頭狀花排列成繖房狀，全由管狀花所組成，花冠白色，但有時略帶紫色，先端 5 裂；瘦果黑色，有冠毛。**別稱**　勝紅薊、鹹蝦花、毛麝香、南風草、一枝香、柳仔黃等。**英名**　Bastard agrimony；Floss flower。**有毒部位**　全株含氫氰酸及有毒植物鹼。**中毒症狀**　誤食莖葉，造成小腸充血、急性腸黏膜血管鬱積等現象；皮膚及尿液且會出現特異之刺鼻味。**分布**　原產熱帶美洲，目前大量歸化在全省平野及低海拔地區，各離島也有，十分常見。**用途**　①觀賞。②全草搗爛，可敷治蛇傷、蟲傷、跌打撲傷、小兒胎熱及淋疾等。

豬ㄓㄨ 草ㄘㄠˇ　*Ambrosia elatior* L.

屬於菊科，豬草屬。一年生草本，高可達 1 公尺餘，全株具有短剛毛，分枝甚多；下部葉對生，上部葉互生，一至三回羽狀深裂。夏季開花，頭狀花排列成總狀花序，單性花，雌雄同株，雄花序生於枝端，由 10～15 朵小花組成；雌花序生於雄花序下方之側枝上，僅由 1 朵小花組成，花柱二叉狀。瘦果具有疣狀小突起。**別稱**　豕草、美洲艾。**英名**　Pigweed。**有毒部位**　花粉。**中毒症狀**　鼻子或氣管過敏者，常因吸入其花粉而引起花粉熱或其他呼吸系統上的毛病。**分布**　原產北美洲，但現在已經廣泛地歸化到亞熱帶與溫帶國家，臺灣於 20 年前開始出現，目前中、北部海濱及路旁、曠野已極爲常見。**用途**　花粉可供醫學研究之用。

矢ㄕˇ車ㄔㄜ 菊ㄐㄩˊ *Centaurea cyanus* L.

屬於菊科，矢車菊屬。一年生草本，高 40～80 公分，多分枝，幼時被白棉毛。根生葉有鋸齒或作提琴狀羽裂，莖生葉線形，全緣；頭狀花序頂生，總苞邊緣篦齒狀；花冠近舌狀，多裂，紫色、藍色、淡紅色或白色。瘦果有毛，冠毛刺毛狀。花期 3～5 月。**別稱** 藍芙蓉、翠藍等。**英名** Bachelor's button；Bluebottle；Corn flower。**有毒部位** 全株有小毒。**中毒症狀** 食大量後，引起後肢麻痹，並有食慾不振、腹瀉等現象。**分布** 原產歐洲，全省各地零星栽培，主要見之於冬至春季。**用途** ①可栽植爲花壇或盆花，頗具觀賞價值。②花序連梗切下，爲優良之花材。

牽ㄑㄧㄢ 牛ㄋㄧㄡˊ 花ㄏㄨㄚ *Ipomoea nil*(L.)Roth

屬於旋花科，牽牛屬。一年生纏繞草本，全株被粗硬毛或柔毛。葉寬卵形，常作三裂狀。花單生或2～3朵腋生；花冠漏斗形，藍紫、紅紫或雜色等；雄蕊和花柱內藏；子房3室。蒴果卵形，常3瓣裂；種子4～6顆，白色或黑褐色。花果期4～10月。**別稱**　朝顏、碗公花、牽牛、喇叭花、白丑、黑丑等。**英名**　Chinese morning glory。**有毒部位**　全草有毒，種子毒性較強。**中毒症狀**　服用過量，除對消化道的直接刺激造成嘔吐、腹瀉、腹痛與血便外，還可能刺激腎臟引起血尿，重者尚可損及腦神經，尤以舌下神經易受損，使舌頭麻痹而造成說話困難，甚至昏迷等症狀。**分布**　熱帶亞洲原產，臺灣各地普遍栽培。**用途**　①栽培供觀賞。②種子可治急性關節炎、腹水等。

姬ㄐㄧ 牽ㄑㄧㄢ 牛ㄋㄧㄡˊ *Ipomoea obscura*(L.)Ker. Gawl

屬於旋花科，牽牛屬。一年生草質藤本，莖纖細，纏繞性，光滑或有微毛。葉廣卵形，先端銳尖，基部心形，互生，全緣，長 4～10 公分，寬 2～9 公分，紙質，兩面光滑或略有短細毛茸。夏、秋季開花，呈 1～3 朵之聚繖花序，花萼革質；花冠漏斗狀，黃白色，花心暗紫色，花徑約 3～4 公分；花絲極不等長，基部有毛，子房無毛；蒴果卵形，種子被有黑灰色細毛。**別稱**　野牽牛、小心葉薯、紫心牽牛、小紅薯等。**英名**　Wild morning-glory。**有毒部位**　全草有小毒，種子毒性較強。**中毒症狀**　幼兒或家畜誤食，有四肢無力、頭昏、食慾不振等症狀。**分布**　全省低海拔山野及荒地皆有分布，嘉義以南縣市尤多，各離島上也十分常見。**用途**　可栽培供觀賞。

臺ㄊㄞˊ灣ㄨㄢ 馬ㄇㄚˇ桑ㄙㄤ *Coriaria intermedia* Mats.

屬於馬桑科，馬桑屬。落葉性灌木，莖具有髓心，分枝多；葉對生，長卵形或長橢圓形，先端尖銳，近於無柄，長4～6公分，寬2～2.5公分，主脈3條；花序總狀，腋出，花單性，雌雄同株，花被5數，花冠黃綠色，雄蕊10枚；蒴果圓球形，徑約4～6公厘，5室。**英名** Coriaria。**有毒部位** 全株有毒，枝葉及種子毒性最强。**中毒症狀** 誤食嫩枝葉及未成熟果實，造成全身發麻，冒冷汗、惡心、嘔吐、心跳減緩、血壓上升、呼吸加快、痙攣、昏迷乃至死亡。**分布** 全島海拔600～2,500公尺之山地，常成羣生長於河岸、砂地、山坡向陽地以及高山林道兩旁，稱得上是一種常見植物。**用途** 山胞以葉治腹痛，但應小心使用。

甜ㄊㄧㄢˊ瓜ㄍㄨㄚ

Cucumis melo L.

屬於瓜科，甜瓜屬。一年生蔓生草本，全株被粗毛；卷鬚不分叉；莖和葉柄均有稜。葉片心狀圓形，三至五掌狀分裂。花雌雄同株；雄花數朵簇生於葉腋，黃色；雌花單生，腋出。果實近於球形或橢圓形，熟時顏色因品種而異。花期3～5月，果期5～9月。**別稱**　香瓜、黃香瓜、黃瓜仔、白香瓜等。**英名**　Melon；Musk melon。**有毒部位**　瓜蒂有毒。**中毒症狀**　生食瓜蒂過量，十餘分鐘或半小時後，便會發生噁心、劇烈嘔吐、腹痛、下痢、血壓下降、心跳加快但脈搏微弱，嚴重者昏迷、抽搐，最後因循環衰竭、呼吸麻痹而死亡。**分布**　全省各地普遍栽植，中、南部尤多。**用途**　果肉可生食，具止渴清躁、消除口臭及淨化血液等功能；種子焙乾炒熟是絕佳的營養食品。

雙ㄕㄨㄤ 輪ㄌㄨㄣˊ 瓜ㄍㄨㄚ　*Diplocyclos palmatus*(L.)C. Jeffrey

屬於瓜科，雙輪瓜屬。一年生草質藤本；根塊狀；卷鬚二分叉。葉互生，表面粗糙，長寬各約 7～14 公分，掌狀 5 深裂，裂片邊緣有疏鋸齒。雌雄同株而異花，雌雄花常各數朵簇生於同一葉腋，花朵小型，黃色，雄花有 3 枚雄蕊，雌花柱頭 3 裂。漿果球形，直徑 1.5～2.2 公分，成熟時紅色而有白色條紋；種子卵圓形褐色，中間有一環帶。花期 3～8 月，果期 8～10 月。**別稱**　花瓜、野西瓜、毒瓜等。**英名** Diplocyclos。**有毒部位**　果實。**中毒症狀**　幼童生食熟果 10 餘顆後，引起頭痛、嘔吐、腹瀉、痙攣；豬及牛羊等家畜食少量果實；造成呼吸困難、抽搐，最後死亡。**分布**　廣布於亞、非、澳三洲之熱帶地，臺灣全省低海拔山野零星分布。**用途**　可栽培供觀賞。

短ㄉㄨㄢˇ果ㄍㄨㄛˇ苦ㄎㄨˇ瓜ㄍㄨㄚ *Momordica charantia* L. var. *abbreviata* Ser.

屬於瓜科，苦瓜屬。一年生草本，蔓性，有卷鬚和毛茸，全株具特異之臭氣，莖長約 5～10 公尺；葉片輪廓近於圓形或圓卵形，5～7 裂；春至夏季開花，花徑 2～5 公分，花冠鮮黃色；瓜果長卵形，末端尖嘴狀，表面有疣狀突起和柔軟的尖刺，成熟時果皮轉爲橙色，並作不規則 3 裂，裂片向外翻卷，露出被有深紅色假種皮的種子。**別稱**　野苦瓜。**英名**　Balsam pear。**有毒部位**　成熟的種子及果肉有毒。**中毒症狀**　誤食果肉及種子，會引起嘔吐及腹瀉等症狀。**分布**　原產美國南部各州，最近幾年歸化到臺灣南部，臺南、高雄、屏東三縣極爲常見。**用途**　①紅色的假種皮可食。②花粉及花蜜可爲蜜蜂所利用，似乎值得栽培爲蜜源植物。

黃ㄏㄨㄤˊ心ㄒㄧㄣ柿ㄕˋ *Diospyros maritima* Blume

屬於柿樹科，柿樹屬。常綠小或大喬木，小枝初被柔毛，後變平滑；葉具短柄，互生，革質，長橢圓形或倒卵狀橢圓形，先端鈍形，基部鈍或銳，全緣。花單立或2～3朵叢生，近於無梗，腋出，白色，雄花細圓錐形，長約10公厘，外被短柔毛；萼4裂，裂片三角形；花冠內部無毛，雄蕊16枚，花絲無毛；雌花呈狹圓錐形，長約13公厘，具退化雄蕊，果實扁球形，徑約3公分，初有毛，後平滑，熟時黃褐色，有反卷之宿存萼。**別稱**　黃心仔。**英名**　Coast persimmon。**有毒部位**　果實。**中毒症狀**　食用果實，引起腹痛、腹瀉、惡心乃至頭昏等症狀。**分布**　產北部基隆、恆春半島及蘭嶼沿海森林內。**用途**　木材常爲黑檀之代用品，可用於內部裝飾及製造貴重器具。

南ㄋㄢˊ燭ㄓㄨˊ *Lyonia ovalifolia*(Wall.)Drude

屬於杜鵑花科，南燭屬。落葉性小喬木或大灌木；枝條光滑。葉厚紙質，卵形或橢圓形，急尖或短漸尖，基部通常圓形或心形，全緣，無毛。總狀花序腋生，有微柔毛，下部常有數片小形葉；花梗下彎；花冠白色，長橢圓狀壺形。蒴果球形，直徑 4～5 公厘，5 室，背開裂，縫線有加厚現象。**別稱**　烏飯草、飽飯花、馬醉木、梹木、米飯花等。**英名**　Tibet lyonia。**有毒部位**　全株有毒，花的毒性最強，連花蜜亦含毒質。**中毒症狀**　人畜誤食莖葉、花朵或花蜜，有昏迷、呼吸麻痺、運動神經末梢麻痺、嘔吐和肌肉痙攣等症狀。**分布**　亞洲南部，臺灣產於陽明山區及其他海拔 2,500 公尺左右之山地。**用途**　①栽培供觀賞。②枝葉及種子可爲收斂劑及強壯劑。

臺ㄊㄞˊ灣ㄨㄢ 馬ㄇㄚˇ醉ㄗㄨㄟˋ木ㄇㄨˋ *Pieris taiwanensis* Hay.

屬於杜鵑花科，馬醉木屬。常綠性灌木，高 1～3 公尺；葉叢集枝端，幼嫩時呈紫紅色，長橢圓狀倒卵形或倒披針形，革質；春、秋兩季開花，花序總狀，簇生於枝梢，花密集開放，懸垂性；花萼革質，5裂，花冠壺形，白色，先端 5 淺裂；雄蕊 10 枚，花藥有 2 距，子房上位；蒴果球形，徑約 0.7 公分，胞背開裂，種子多數。**英名** Taiwan pieris。**有毒部位** 莖葉及種子。**中毒症狀** 幼兒或家畜誤食莖葉，會造成昏迷、呼吸困難、運動失調甚至全身抽搐等症狀。**分布** 陽明山一帶及其他地區海拔 2,000～3,300 公尺的開闊向陽地。**用途** ①莖葉煎汁，可用以殺蟲，並可洗滌疥癬和毒瘡。②花枝爲優良花材。③常被栽培供觀賞。

古ㄍㄨˇ柯ㄎㄜ

Erythroxylum coca Lar

屬於古柯科，古柯屬。常綠灌木，枝葉密生，高可達 3 公尺餘；葉
生，橢圓形至倒卵形，長 3～7 公分；夏至秋季開花，單生於葉腋
2～4 朵簇生，萼瓣各 5 片，花瓣淡黃色，雄蕊 10 枚，子房 3 室；
果核果狀，橢圓形，有宿存萼，熟時紅色。**別稱**　高卡。**英名**　Co
；Cocaine plant；Spadic。**有毒部位**　葉及樹皮有毒。**中毒症**
人畜誤食，導致中樞神經興奮、狂躁、站立不穩、瞳孔放大、脈搏
呼吸衰弱、全身肌肉痙攣、呼吸困難等，嚴重時因呼吸麻痹而死。
布　原產秘魯、玻利維亞等地，臺灣有試驗性栽培。**用途**　①可爲
果植物，但必須加以管制。②莖含 14 種生物鹼，可製造鹽酸古柯
，爲世界著名的局部麻醉劑，醫療用途甚廣。

杜ㄉㄨˋ鵑ㄐㄩㄢ花ㄏㄨㄚ類ㄌㄟˋ *Rhododendron spp.*

屬於杜鵑花科，杜鵑花屬。有原生種和雜交種，品系繁多。常綠或落葉性灌木，高 50～500 公分；葉形多變，橢圓形、卵圓形、披針形、三角狀卵形等，全緣，有些被有密度不一的毛茸，有些則光滑無毛，葉片大小、厚薄、質地等亦極富變化。春至夏季開花，花冠漏斗形、鐘形、管形等，花形、花序及花色均有各種變異；雄蕊數目亦因種而有不同；單瓣種較易結蒴果，種子細小。**別稱**　滿山紅、映山紅、躑躅等。**英名**　Azalea；Rhododendron。**有毒部位**　全株、花、葉毒性較強。**中毒症狀**　人畜誤食，會產生惡心、嘔吐、血壓下降、呼吸抑制、昏迷及腹瀉等症狀。**分布**　全省各地均有栽植和野生者，極爲常見。**用途**　①觀賞。②花果入藥，爲鎮痛劑、利尿劑、驅蟲劑等。

(下)油桐的果實。

油ㄧㄡˊ桐ㄊㄨㄥˊ *Aleurites fordii* Hemsl.

屬於大戟科，油桐屬。落葉小喬木，高可達 10 餘公尺。葉互生，紙質，卵形或心臟形，長 15～32 公分；開花枝之葉通常不分裂，非開花枝之葉則常作 3～5 裂，葉柄頗長。春、夏之際開花，雌雄同株；圓錐花序頂生，花萼筒形，綠色，花冠白色，5 瓣。核果球形，先端有小尖突，表面平滑而具 4 淺溝。**別稱**　桐油樹、光桐、三年桐、百年桐、桐子樹等。**英名**　Tung tree；Tung oil tree。**有毒部位**　種子。**中毒症狀**　種子因含毒蛋白及皂素，故誤食後會引起腹部抽筋、嘔吐、下痢及輕微休克現象。**分布**　原產我國大陸，臺灣各地普遍栽培，並有歸化現象。**用途**　①種子油稱爲桐油，可擦拭銅器等。②木材用於房板，可袪臭蟲等。③花期正盛時，頗有美化山林之功。

石ㄕˊ栗ㄌㄧˋ　*Aleurites moluccana*(L.)Willd.

屬於大戟科，油桐屬。常綠大喬木，嫩葉及花序均密被褐色毛茸；葉具長柄，互生，卵形至心形，掌狀 5 裂，先端常作不規則之 2～3 裂，或幾乎爲全緣，長 12～30 公分，寬 10～28 公分，越近枝端葉形越小，葉柄先端有 2 枚紅褐色腺體。深秋至翌年初夏開花，圓錐花序，雌雄同株，通常 2～4 朵雄花生於雌花四周；花瓣 4～5 片，白色，雄蕊 20 枚；雌花柱頭 2 枚；核果扁球形，木質，徑約 6 公分。**別稱**　燭果樹、油桃。**英名**　Candle-nut；Indian walnut。**有毒部位**　種子。**中毒症狀**　種子含瀉油及毒蛋白，誤食引起整個消化道的燒灼感，並有嘔吐及腹瀉現象。**分布**　原產馬來西亞及太平洋諸島，臺灣各地零星栽培。**用途**　①觀賞。②種子油可製油漆及肥皂。

變ㄅㄧㄢˋ葉ㄧㄝˋ木ㄇㄨˋ *Codiaeum variegatum*(L.)Juss

屬於大戟科，變葉木屬。常綠灌木，葉互生，肥厚而平滑，倒卵形、倒披針形、倒卵狀長橢圓形、螺旋形乃至線形等，外觀極富變化，葉面散生各種形狀和顏色之斑點，色彩鮮明艷麗；中肋及側兩面均凸起。花雌雄同株，單性，排列成總狀花序，雌雄花序均長自葉腋處。雄花萼片呈覆瓦狀排列，雄蕊 20～30 枚，有長花梗；雌花無瓣，近於無梗，子房 3 室，花柱細長；蒴果成熟時裂成 3 個 2 瓣裂之分果片。**別稱**　變色葉等。**英名**　Croton；Golden spotted leaf；Variegated leaf croton。**有毒部位**　液汁。**中毒症狀**　人畜誤食其液汁，有腹痛、腹瀉等症狀。**分布**　臺灣各地普遍栽植，品種甚多。**用途**　①觀賞。②液汁可當瀉劑或發汗劑。

巴ㄅㄚ 豆ㄉㄡˋ *Croton tiglium* L.

屬於大戟科，巴豆屬。常綠小喬木。葉具長柄，卵形，先端銳尖，基部鈍或近於圓形，兩側各有 1 腺體。花單性，雌雄同株，總狀花序頂生，多花；雄花之萼 5 裂，外被細毛，花瓣 5 片；雌花之萼較小，但常於花後增大，花瓣狹長。蒴果白色，卵形，種子 3 粒。**別稱** 管仔、猛樹、貢仔、猛子仁、巴菽、紅子仁、毒魚子等。**英名** Purging croton。**有毒部位** 全株有毒，種子毒性尤大。**中毒症狀** 誤食引起惡心、嘔吐、腹痛、腹瀉、頭痛、頭暈、便血、昏迷、脫水、肌肉痙攣等症狀；嚴重者會因呼吸困難、循環系統衰竭而死亡。**分布** 原產印度及馬來西亞，臺灣中南部及花蓮亦產，各地並有零星栽植。**用途** ①種子可爲瀉劑。②根及枝幹可治跌打、胃痛、蛇傷等。

（下）濱大戟的花果

濱大戟　*Euphorbia atoto* Forst.

屬於大戟科，大戟屬。多年生草本，全株光滑無毛，乳汁豐沛，高約5～30公分；莖具多數分枝，基部稍呈木質化，節處膨大。葉對生，肥厚，全緣，幾乎無柄，葉身卵狀長橢圓形，長1.5～3公分，寬1～1.5公分；先端圓鈍或有小尖突，基部斜圓形乃至心形。夏季開花，大戟花序腋出或頂生，作聚繖狀排列，花序間有腺體存在；蒴果徑約3公厘。**別稱**　鹹花生。**英名**　Seaside opposite leaved spurge；Seaside euphorbia。**有毒部位**　乳汁有毒。**中毒症狀**　幼兒誤食乳汁，會有嘔吐、腹瀉、頭痛乃至昏迷等症狀；觸及眼睛，導致紅腫、疼痛等。**分布**　恆春半島、鵝鑾鼻、蘭嶼、綠島、小琉球上皆有廣大族羣。**用途**　乳汁可治療婦科疾病。

紫ㄗˇ錦ㄐㄧㄣˇ木ㄇㄨˋ *Euphorbia cotinifolia* L.

屬於大戟科，大戟屬。常綠灌木，株高 2～3 公尺，樹皮灰白，分枝多，嫩莖與葉片均呈紅褐色或暗紫紅色，葉有長柄，葉身卵形或廣卵形，長約 4～6 公分，寬約 3～4 公分。四季開花，花頂生，淡黃色，大戟花序有 5 裂片，聚繖狀排列，花朵細小，蒴果球形，但結果率甚低，花與果均缺乏觀賞價值。**別稱**　非洲紅、非洲黑美人。**英名**　Red euphorbia；Red spurge。**有毒部位**　乳汁有毒。**中毒症狀**　誤觸乳汁引起水泡或膿疱，皮膚嚴重發炎，對眼睛亦極有毒害；家畜誤食落葉，常造成口部嚴重起泡。**分布**　原產印度及熱帶非洲，臺灣各地庭園普遍栽培。**用途**　觀賞，爲優良之園景樹。

(下)大甲草的花序。

大ㄉㄚˋ甲ㄐㄧㄚˇ草ㄘㄠˇ　*Euphorbia formosana* Hay.

屬於大戟科，大戟屬。半灌木狀多年生草本，莖直立，高約 30～150 公分，分枝呈繖形狀，集中於莖頂；葉互生或輪生，無柄，線狀披針形，全緣，莖葉折之，可見白色乳汁流出。大戟花序再排列成繖形，腋出或頂生，總苞片鐘形，黃色，4 裂；子房扁球形，花柱 3 枚，蒴果成熟後 3 裂。**別稱**　八卦草、臺灣大戟、五虎下山、八卦癀、藥虎草等。**英名**　Taiwan euphorbia。**有毒部位**　全草。**中毒症狀**　皮膚過敏者誤觸其汁液，會有發炎、發癢、腫脹等現象；誤食莖葉將引起嘔吐、腹瀉等症狀。**分布**　全島原野沙地，但以東部臺東縣境較爲常見。**用途**　爲著名的蛇傷藥，將全草搗碎，或煎服或直接敷蓋傷口，均有奇效(特別是對雨傘節、百步蛇及龜殼花等)。

 274, 2,58

猩ㄒㄧㄥ 猩ㄒㄧㄥ 草ㄘㄠˇ

Euphorbia heterophylla L.

屬於大戟科，大戟屬。多年生草本，株高 50～100 公分，全體具白色乳汁；葉互生，形狀多變，但大抵呈卵狀橢圓形或提琴形，全緣、波狀緣或有淺鋸齒。頂端之葉片變小而爲苞片狀，基部紅色，好似花瓣一般；大戟花序開在枝梢，花序內有雌花及雄花，但各小花均無花被，僅有雄蕊及雌蕊而已，花序旁有環狀之腺體。蒴果平滑或被有微毛，成熟後 3 瓣裂。**別稱**　火苞草。**英名**　Mexican fire plant。**有毒部位**　全草。**中毒症狀**　皮膚過敏者接觸乳汁，會引起皮膚紅腫和發炎，對眼睛也有相當毒害。孩童誤食莖葉，將造成喉頭燒痛，並有嘔吐、下痢等症狀。**分布**　原產於熱帶美洲，目前在東、南部海邊有歸化現象。民間的花園、庭院內亦常見栽培。**用途**　觀賞。

大飛揚草 *Euphorbia hirta* L.

屬於大戟科，大戟屬。一年生草本，全體具有豐沛乳汁。莖斜上或直立，高約 10～40 公分，帶淡紅色或紫紅色，有毛；葉對生，卵形至橢圓形，基部偏斜，微鋸齒緣，兩面被毛。大戟花序呈密繖狀排列，腋出，花單性同株，綠色或紫紅色，雄花無花被，雌花子房 3 室。蒴果。花果期 4～11 月。**別稱**　大本乳仔草、乳仔草、飛陽草、大飛揚、奶子草、大地錦草、紅骨大本乳仔草等。**英名**　Centipede euphorbia。**有毒部位**　全株有毒。**中毒症狀**　幼兒或家畜誤食其莖葉，有腹痛及腹瀉現象。**分布**　全省低海拔之荒野、路旁、空地等十分常見，一般皆成羣繁生於向陽處所。**用途**　①全草搗爛，可治牙齦腫痛等，但只能外敷於兩頰。②全草煎水，可洗各種疥癬。

麒ㄑㄧˊ麟ㄌㄧㄣˊ花ㄏㄨㄚ　*Euphorbia milii* Ch. des Moulins

屬於大戟科，大戟屬。常綠灌木，高 1～2 公尺。莖幹粗肥，有溝，綠色，密生棘刺；刺呈黑色，長 2～2.5 公分，基部扁平。葉少數，具短柄，生於嫩枝頂端，革質，倒卵形至長橢圓狀篦形，長 2.5～5 公分，寬約 2 公分，兩面平滑。聚繖花序有長花軸，生於枝梢葉腋；苞 2 片，對生，卵形，鮮紅色。**別稱**　花麒麟、番仔刺等。**英名**　Crown of thorns euphorbia；Bojer's spurge。**有毒部位**　全株有毒，乳汁毒性最强。**中毒症狀**　誤食引起口部、喉部及胃部不適，嚴重者有嘔吐、腹瀉、衰弱等現象。**分布**　馬達加斯加原產，臺灣各地普遍栽培。**用途**　觀賞，尤適植爲盆景，也適合養成綠籬或花壇。

金ㄐㄧㄣ 剛ㄍㄤ 纂ㄗㄨㄢ *Euphorbia neriifolia* L

屬於大戟科，大戟屬。常綠小喬木或灌木。全株含多量白色乳汁。莖橫斷面為四角形或五角形，稜角之凸部有銳刺 1 對。葉具短柄，互生，叢集枝端，全緣，肉質，肥厚，兩面平滑；中肋裏面凸起。大戟花序作聚繖狀排列，着生於稜角之凹處，惟開花情形並不常見。**別稱** 火蕻、火秧、火烘、火烘心、霸王鞭等。**英名** Hedge euphorbia。**有毒部位** 莖、葉、乳汁有毒。**中毒症狀** 乳汁中的樹脂接觸皮膚後造成發炎、起泡，人眼則導至劇痛甚至失明；誤食小量時引起劇烈下瀉，大量則刺激口腔黏膜，引起嘔吐、頭暈、昏迷、肌肉顫動等症狀。**分布** 臺灣各地零星栽培。**用途** ①常植為籬垣。②莖葉分泌之大戟膠，可供藥用，用以敷治皮膚癢、腫毒及小兒臭頭等。

誕紅　*Euphorbia pulcherrima* Willd. *et* Klotz.

於大戟科，大戟屬。落葉灌木，株高0.5～4公尺，老莖木質，黃
色而中空，嫩莖草質，鮮綠色。葉常為提琴形，主脈紅色。苞葉(
稱花的部分)呈披針形或橢圓形，花色有猩紅、粉紅、乳白、斑色
；大戟花序密生於枝梢，每一花序邊有一黃色的杯狀腺體，雄蕊及
房皆清晰可見，結果率甚低。**別稱**　向陽紅、猩猩木、一品紅、聖
花等。**英名**　Common poinsettia；X'mas flower。**有毒部位**　全
有毒。**中毒症狀**　乳汁會引起皮膚紅腫發炎，對眼睛亦有相當之毒
。孩童吸食莖部或嚼食葉子、花蕾、苞片等，會引起喉頭燒痛乃至
吐、腹瀉等。**分布**　原產墨西哥，目前各地廣為栽培，極為常見。
途　①觀賞。②枝及葉治慢性內臟病，由醫師指示後方可使用。

龍ㄌㄨㄥˊ骨ㄍㄨˇ木ㄇㄨˋ *Euphorbia resinifera* Ber

屬於大戟科，大戟屬。多刺的肉質性灌木或小喬木，莖高 0.7～7
尺，深綠色，全株含豐沛之乳汁；自基部分枝，莖有 3～4 稜；葉
小，圓形或橢圓形，但為早落性。棘刺短，成對生於稜上。夏季開
，花序與棘刺交互而生；雌雄同株，總苞杯狀，4～5 裂，黃色，
花由 1 雄蕊組成，雌花花被 3 裂；蒴果。**別稱**　仙人掌大戟、大
汁樹等。**英名**　Gum euphorbia。**有毒部位**　乳汁。**中毒症狀**　孩
誤食乳汁，會嚴重嘔吐及下痢，並有口、喉紅腫等現象；皮膚過
觸及乳汁，會發炎或起紅疹；眼睛碰及乳汁，則造成紅腫和劇痛，
分難過。**分布**　原產摩洛哥，臺灣中、南部有零星栽培。**用途**　①
賞或植成綠籬。②可為催吐藥及瀉藥，但使用時要非常小心。

綠珊瑚 *Euphorbia tirucalli* L.

於大戟科，大戟屬，灌木或矮小喬木，全株多分歧。枝綠色，粗圓有節，但脆弱易斷；節間長約 10 公分，直徑 7～12 公厘。葉多生端，細小，線形，早落。花單性，生於枝頂或節上；花無花被，雌具多數總苞，苞片細小。蒴果徑約 1 公分，熟時 3 裂；種子卵形，滑。開花結果率甚低。**別稱** 鐵樹、青珊瑚。**英名** Milk bush，alabar-tree euphorbia。**有毒部位** 乳汁。**中毒症狀** 乳汁刺激性强，可當作催吐劑及瀉劑，接觸皮膚會引起皮膚發炎、痛癢腫脹和膿疱等。**分布** 散生在臺灣南部、小琉球及澎湖羣島之海濱砂礫地各地普遍栽培。**用途** 除供觀賞外，尚適於海濱造林，以防風砂。

三ㄙㄢ 角ㄐㄧㄠˇ 霸ㄅㄚˋ 王ㄨㄤˊ 鞭ㄅㄧㄢ　*Euphorbia trigona* Ha

屬於大戟科，大戟屬。多刺的肉質性灌木或小喬木，全體富含白色
汁，分枝直立狀，常密集成叢生長，具3～4稜角(多為3稜)，暗
至灰綠色；每一莖部之凹溝內具有波狀之白色帶，但會隨著年歲之
長而逐漸消失。葉片匙形，長在稜上，長約3～6公分，葉片基部
側各生1尖刺。夏秋之際開花，大戟花序小形，單性花。**別稱**　彩
閣。**英名**　Abyssinian euphorbia；African milk tree。**有毒部**
乳汁。**中毒症狀**　過敏性皮膚觸及乳汁，會造成發炎或起水泡；眼
碰到乳汁，則會造成嚴重紅腫；幼兒誤食，引起口部、喉部及胃部
適，並有腹痛、腹瀉及衰弱等病症。**分布**　原產加彭，目前各地普
栽培。**用途**　觀賞，常植成中、大型之盆栽。

土ㄊㄨˇ沉ㄔㄣˊ香ㄒㄧㄤ *Excoecaria agallocha* L.

屬於大戟科，土沉香屬。常綠中喬木，全株含刺激性乳汁，小枝粗硬。葉有柄，叢集枝端，橢圓形，先端突銳尖，全緣而呈波狀，長6～12公分，寬3～5公分；葉基有2腺體。雌雄同株；花小而有芳香，雄花成穗狀花序，頗似葇荑花序，雄蕊3枚；雌花成短總狀花序，萼3裂，子房3室。蒴果球形，呈3深裂，徑約8公厘。**別稱**　水賊、水賊仔、海漆等。**英名**　Milky mangrove；Blinding tree。**有毒部位**　乳汁。**中毒症狀**　乳汁觸及皮膚，引起紅腫、發炎；觸及眼睛，有暫時乃至永久失明之虞。**分布**　基隆及南部海濱與沼澤地區，常與紅樹林混生。**用途**　①木材爲沉香之代用品，尚可供建築、包裝箱及漁網浮苓等之用。②根可爲強壯劑。③乳汁可當腐蝕劑。

麻ㄇㄚˊ瘋ㄈㄥ樹ㄕㄨˋ *Jatropha curcas* L.

屬於大戟科，麻瘋樹屬。落葉灌木或小喬木，樹皮蒼白色，樹液淡乳白色。葉互生，有長柄，叢集枝端，廣心形，全緣或3～5淺裂，長10～15公分，寬度亦同，托葉細小，有毛。雌雄同株，聚繖花序腋出或頂生，作繖房狀排列。雄花上部之花梗有節，雌花花梗無節，花細小，黃綠色，萼瓣均5裂，雄蕊8～12枚，子房2～4室，蒴果橢圓形，熟時自動開裂。**別稱**　火漆、木花生、假白欖、臭油桐、黃肚樹等。**英名**　Physic nut；Purging-nut tree。**有毒部位**　種子及樹液。**中毒症狀**　誤食種子會引起喉嚨燒痛、腹痛、胃炎及惡心，並有腹痛、腹瀉等症狀。樹液造成皮膚紅疹。**分布**　各地零星栽培。**用途**　樹液爲瀉劑，種子油可提煉機油，亦可製肥皂；葉煎汁治疥癬等。

紅ㄏㄨㄥˊ葉ㄧㄝˋ麻ㄇㄚˊ瘋ㄈㄥ樹ㄕㄨˋ

Jatropha gossypiifolia L. var. *elegans* Muell.-Arg.

屬於大戟科，麻瘋樹屬。落葉灌木，高約 1～2 公尺，枝條肥大。葉大都集中在枝端，輪廓近圓形，3～5 掌狀分裂，徑約 10～15 公分，基部心形，邊緣有細鋸齒；葉柄幾與葉身同長，上生有腺毛。繖房花序頂生，花萼鐘狀，5 裂，裂片邊緣有腺毛；花瓣紅色，5 片，雄蕊 枚，花柱 3 裂，蒴果長橢圓球形。**別稱**　野烈顏麻瘋樹。**英名** Bellyache bush。**有毒部位**　種子。**中毒症狀**　種子中之毒蛋白會刺激胃壁和腸黏膜，使人產生惡心及腹痛，接著便激烈地嘔吐和腹瀉，甚爲難過。**分布**　原產熱帶美洲，全省各地零星栽培，中南部較爲常見，生長亦較良好。**用途**　幼葉呈暗紫紅色，頗具觀賞價值，可盆栽亦或園植。

(下)細裂珊瑚油桐結果時

細裂珊瑚油桐 *Jatropha multifida* L

屬於大戟科，麻瘋樹屬。常綠性灌木，高約 1.5～2.5 公尺，分枝不多，主幹細長，直立或稍彎曲，全株含白色乳汁。葉互生，多生於枝端，葉柄細長，掌狀細裂，裂片 11～16 片，老熟葉片具有粗銳之鋸齒。春至秋季開花，聚繖花序頂生，總梗細長，小花之色彩及排列形如紅珊瑚；單性花，雌雄同株，雄花一般開在雌花兩側；蒴果，內有種子 3～5 粒。**別稱**　細裂珊瑚樹、中裂麻瘋樹。**英名**　Coral plant Physic nut。**有毒部位**　全株有毒，種子毒性最强。**中毒症狀**　誤食種子會引起惡心、腹瀉和吞嚥困難；家畜如誤食，則造成嚴重之腸胃炎、瞳孔放大甚至失明。**分布**　原產熱帶美洲，目前全省各地零星栽培。**用途**　觀賞，盆栽或園植均可。

珊ㄕㄢ 瑚ㄏㄨˊ 油ㄧㄡˊ 桐ㄊㄨㄥˊ *Jatropha podagrica* Hook.

屬於大戟科，麻瘋樹屬。多年生肉質植物，株高 40～80 公分，肥厚多肉而基部特別大如葫蘆狀。葉呈心臟形，常作 5 裂狀，葉柄盾狀著生。花梗分枝似珊瑚狀，花細小爲紅色，花被 5 片，常數十朵簇生於枝端；雌雄同株而異花，雄花常圍繞雌花開放；蒴果堅硬呈褐色，內藏種子 3～5 粒。**別稱**　葫蘆油桐、佛肚樹等。**英名**　Gout stalk，Australian bottle plant。**有毒部位**　葉及汁液、種子均含毒蛋白，尤以種子毒性最烈。**中毒症狀**　誤食種子引起惡心、腹瀉和吞嚥困難；狗如誤食則造成嚴重之腸胃炎、瞳孔放大，甚至失明。**分布**　原產西印度及哥倫比亞，臺灣各地零星栽培。**用途**　觀賞，盆栽或園植均可。

（下）粗糠柴的花枝。

粗ㄘㄨ 糠ㄎㄤ 柴ㄔㄞˊ　*Mallotus philippinensis*(Lam.)Muell.-Arg.

屬於大戟科，野桐屬。常綠小喬木；小枝、幼葉和花序均被褐色星狀柔毛。葉互生，卵形、長圓形或披針形，長 6～16 公分，寬 2～5 公分，葉背綠白色，被星狀短毛和紅色腺點，主葉脈三出，近葉柄處有 2 腺體。總狀花序；花單性同株。蒴果三稜狀球形，密被深紅色顆粒狀腺點。花期 3～5 月，果期 6～10 月。**別稱**　菲島桐、柿糊木、六稔子、楦梧木、紅果果、六檢仔、嘮哩仔等。**英名**　Kamala tree；Monkey-face tree。**有毒部位**　果實和葉背的紅色粉末狀腺點有毒。**中毒症狀**　誤食有毒部位，導致嘔吐和腹瀉，並能殺死寄生蟲。**分布**　全省低海拔闊葉樹林中，常爲散生狀態。**用途**　①果實表面之腺點可提取紅色或橙色染料。②可栽培供觀賞。

木ㄇㄨˋ 薯ㄕㄨˇ　*Manihot utilissima* Pohl.

屬於大戟科，木薯屬。直立性灌木，高約 1～3 公尺，塊根圓柱狀，肉質；葉互生，掌狀 3～7 深裂或全裂，全緣。圓錐花序，花雌雄同株；雄花有 10 枚雄蕊；雌花子房 3 室。蒴果，有 6 條狹波狀翅。**別稱**　樹薯、臭薯、葛薯、樹番薯、番薯樹等。**英名**　Bitter cassava；Cassava；Manioc；Yuca。**有毒部位**　全株有毒，新鮮塊根毒性尤大。**中毒症狀**　輕者惡心、嘔吐、下痢、昏眩；嚴重者呼吸困難、心跳加快、瞳孔放大，以至昏迷、抽搐、休克，最後因呼吸衰竭而死亡。還可引起甲狀腺腫，並會傷害視神經和運動神經等。**分布**　臺中以南各縣及花蓮普遍栽培，部分山坡地並有歸化現象。**用途**　塊根之澱粉煮熟後可製味精、葡萄糖、冰淇淋、酒精等；也可當家畜飼料。

(小)紅雀珊瑚的花。

紅ㄏㄨㄥˊ雀ㄑㄩㄝˋ珊ㄕㄢ瑚ㄏㄨˊ　*Pedilanthus tithymaloides*(L.)Poit.

屬於大戟科，紅雀珊瑚屬。肉質性小灌木，株高約1公尺，莖葉肥厚多肉，有多量乳汁，全體光滑無毛，分枝多；葉互生，卵狀長橢圓形，先端銳或銳尖，長5～8公分，葉面有斑塊，常作凹凸扭曲狀。花期1～5月，花序簇集枝梢，總苞片紅色，左右對稱，有一短距，基部上方並藏有腺體，結果率低。**別稱**　銀龍、大銀龍、花銀龍、龍鳳木等。**英名**　Slipper flower；Redbird cactus；Redbird flower；Japanese poinsettia。**有毒部位**　乳汁。**中毒症狀**　乳汁觸及皮膚，敏感者會起水泡；對眼睛也有相當毒害；吃進植物體任何部分，都會引起嘔吐和腹瀉。**分布**　全省各地零星栽培。**用途**　①栽培當觀葉或觀花植物。②少量乳汁加入飲料中喝下，可當催吐劑。

(小)蓖麻的種子。

蓖ㄅㄧˋ 麻ㄇㄚˊ

Ricinus communis L.

屬於大戟科，蓖麻屬。高大的灌木狀草本，高約 2～4 公尺。葉柄盾狀著生，葉片掌狀 5～11 中裂，鋸齒緣。圓錐花序；雌花生於上部，雄花生於下部，子房 3 室。蒴果有軟刺；種子橢圓形，光滑有斑紋。**別稱**　紅麻、金豆、八麻子、牛蓖、大麻子、洋麻子等。**英名**　Castor bean。**有毒部位**　全株有毒，種子毒性大。**中毒症狀**　兒童吃 3～4 粒，成人吃 20 粒即可中毒死亡。通常輕度中毒者數小時後出現四肢無力；重者則有惡心、腹痛、腹瀉、體溫升高、呼吸急促、四肢抽搐、痙攣等症狀，甚至昏迷、死亡。牛、馬、豬等誤食蓖麻子，造成食量減少、嘔吐、腹瀉、疝痛、痙攣等症狀，嚴重時死亡。**分布**　全省荒地十分常見。**用途**　葉搗敷腫毒、外痔、皮膚病等。

烏ㄨ 桕ㄐㄧㄡˋ *Sapium sebiferum*(L.)Roxb.

屬於大戟科，烏桕屬。落葉性喬木，高約 5～20 公尺。葉菱形至寬菱狀卵形，長與寬相近，約 4～7 公分，葉柄頂端有兩個腺體。花單性，雌雄同株，穗狀花序頂生。雄花密生於花序的上部；雌花少數，生於花序基部。蒴果球形，種子 3 粒，外被白色蠟層。**別稱**　桕子樹、木子樹、瓊仔、血血木、蠟子木、王京子等。**英名**　Chinese tallow-tree。**有毒部位**　木材、乳汁及葉片均有毒。**中毒症狀**　誤食有腹痛、腹瀉、腹鳴、頭昏、四肢及口舌麻木、耳鳴、面色蒼白、四肢發冷等症狀。皮膚過敏者接觸乳汁可引起紅腫、糜爛等。**分布**　全省低海拔山野，十分常見。**用途**　①栽培供觀賞。②葉片可製黑色染料。③假種皮可製蠟或肥皂。④木材可造紙。⑤農業上乳汁可用以殺蟲。

洋一ㄤˊ 繡ㄒㄧㄡˋ 球ㄑㄧㄡˊ *Hydrangea macrophylla*(Thunb.)Ser.

屬於八仙花科，八仙花屬。老枝粗壯，有葉和皮孔。葉具短柄，對生，葉片肥厚，光滑，橢圓形或寬卵形，先端銳尖，長 10～25 公分，寬 5～10 公分，邊緣有粗鋸齒。繖房花序頂生，球形，密花，花白色、藍色或粉紅色，幾乎全爲無性花，每一朵花有瓣狀萼 4～5 片；花瓣 4～5 片，小形，雄蕊在 10 枚以內，雌蕊極度退化，花柱 2～3 枚。**別稱**　繡球花、紫陽花、紫繡球、瑪哩花、八仙花、天麻裏花等。**英名**　Big-leaf hydrangea；Big hydrangea。**有毒部位**　全株有毒。**中毒症狀**　人畜誤食莖葉，有疝痛、腹痛、腹瀉、嘔吐、呼吸急迫、便血等症狀。**分布**　日本原產，臺灣各地普遍栽植。**用途**　①觀賞，盆栽或園植均宜。②花可入藥，可解熱、治瘧等。

(大)紅花八角的果實。(小)紅花八角的花。

紅花八角 *Illicium arborescens* Hay.

屬於八角茴香科，八角茴香屬。常綠中喬木。葉互生而叢集枝端，厚革質，長橢圓狀披針形，兩端尖銳，全緣，長 8～12 公分，寬 2.5～3.5 公分，側脈不顯明。花腋出，單生；萼片 3～4 枚；花瓣 9 枚，圓形，先端略呈截狀，排成 3 輪，深紅而帶紫色，外側者長約 1 公分，寬約 1.2 公分。蓇葖果 7～12 枚，先端漸銳尖，粗厚。**別稱**　紅八角、八角、八角仔。**英名**　Rosy anise tree。**有毒部位**　根及果實。**中毒症狀**　食用多量果實，會有惡心、嘔吐、口渴、下痢、頭昏、心律不整、四肢麻木等症狀。**分布**　臺灣全省海拔 300～2500 公尺之闊葉樹林內，呈散生狀態。**用途**　①木材可製各種器具。②樹皮可提取染料。③果實爲健胃劑，但用法及用量需經醫師指示後方可使用。

白ㄅㄞˊ花ㄏㄨㄚ 八ㄅㄚ 角ㄐㄧㄠˇ *Illicium philippiense* Merr.

屬於八角茴香科，八角茴香屬。常綠中喬木。葉具短柄，叢生枝端，長橢圓形，先端突尖，基部銳形，全緣，長約 9 公分，寬約 3 公分；側脈不顯明。花腋出或頂生；花被白色，線形或披針形，12～20 枚，在外部者寬而長，向中心者較為細短。蓇葖果 8～12 枚，粗肥。**別稱** 八角、碗龍樹。**英名** White anise tree。**有毒部位** 枝葉與果實。**中毒症狀** 誤食果實或多量枝葉，將造成眩暈、頭痛、嘔吐、下痢、狂躁不安、幻覺、心跳不規則、四肢麻木、呼吸急促乃至衰竭等。**分布** 中央山脈較高地區，以海拔 1,800～2,800 公尺之針、闊葉樹林內爲多。**用途** 木材緻密而不易割裂，可供建築之用，也可製各種小工具。

唐ㄊㄤˊ菖ㄔㄤ蒲ㄆㄨˊ　*Gladiolus* × *hybridus* Hort. *ex* Morr.

屬於鳶尾科，唐菖蒲屬。多年生草本，球莖扁球狀，表面被有老鱗片葉。莖高 80～100 公分，直立；葉劍形，蒼綠色，左右兩列互生。四季皆可開花，穗狀花序生於莖頂，花10~20餘朵， 每 朵花皆有披針形的苞片保護著；花被 6 片，卵狀橢圓形乃至尖三角形，瓣緣常作波狀，花徑約 5～9 公分，花色有紅、黃、白、粉紅、紫紅及斑色等。雄蕊 3 枚，著生於喉部，花柱較花絲更長；蒴果成熟時自動開裂。**別稱**　福蘭、劍蘭、鬪刀花、流星花等。**英名**　Sword lily。**有毒部位**　球莖。**中毒症狀**　誤食球莖，引起消化系統疾病，最常見的症狀爲嘔吐、腹痛、血便等。**分布**　雜交品種，各地普遍栽培。**用途**　①爲優良花材，插花及花籃等常用。②園植供觀賞。

鳶ㄩㄢ 尾ㄨㄟˇ

Iris tectorum Maxim.

屬於鳶尾科，鳶尾屬。多年生宿根性草本，高約 30～50 公分；根莖匍匐多節，粗而短，淺黃色；葉爲漸尖狀劍形，寬 2～4 公分，長 30～45 公分，淡綠色，呈二縱列互生，基部互相包疊。春至初夏開花，花序 1～2 枝，每枝有花 2～3 朵；花冠紫色，徑約 10 公分，外花被有深紫斑點。雄蕊 3 枚，花柱 3 歧；蒴果長橢圓形，有 6 稜。**別稱** 紫蝴蝶、紫羅蘭、藍蝴蝶、烏鳶、扁竹等。**英名** Wall iris；Roof iris。**有毒部位** 全株有毒，根莖及種子毒性最强。**中毒症狀** 人畜誤食過量，引起消化道及肝臟發炎，並有嘔吐、下瀉等症狀。**分布** 原產我國大陸，臺灣各地零星栽培。**用途** ①觀賞。②根莖可當吐劑及瀉劑，也可治療眩暈及腫毒。

(上)化香樹的花枝。(下)化香樹的果枝

化ㄏㄨㄚˋ香ㄒㄧㄤ樹ㄕㄨˋ *Platycarya strobilacea* Sieb. *et* Zuc

屬於胡桃科，化香樹屬。落葉喬木，初具褐色毛茸；葉叢生枝端，奇數羽狀複葉，小葉，6～9 對，對生，披針形，先端漸銳尖，基部形，多少爲重鋸齒緣；雌雄同株；花無花被，雄花葇荑狀，花軸長 5 公分，每苞 1 花；雄蕊 5～8 枚；雌花穗狀，全體呈長橢圓形，生，直立；苞呈狹披針形，質厚，每苞藏花 1 朵，苞與雌花全體集而成球果狀；果實扁圓形，邊緣具有狹翅。**別稱** 花果兒樹、化香。**英名** Black dye tree。**有毒部位** 枝葉有毒。**中毒症狀** 家畜食，有暈眩昏迷現象；枝葉搗碎投入溪中，魚類有昏迷乃至死亡情。**分布** 中、北部山地及花蓮海岸。**用途** ①材質粗鬆，可用製火桿。②老幹燒之有香氣，可以驅蚊蠅。③果含單寧，可爲玄色染料

Barringtonia racemosa (L.)Blume *ex* DC.

穗ㄙㄨㄟˋ花ㄏㄨㄚ 棋ㄑㄧˊ盤ㄆㄢˊ腳ㄐㄧㄠˇ樹ㄕㄨˋ

屬於玉蕊科，玉蕊屬。常綠中喬木，高可達10餘公尺。枝略作下垂性，葉互生，葉柄粗短，叢生枝梢；葉身披針形或長卵形，先端漸銳，鈍鋸齒緣或披狀緣，長20～30公分，寬8～10公分。夏季開花，總狀花序自枝頂下垂，總梗粗長，約35～55公分；花具短梗，白色或略帶淡紫色；萼2～3裂，宿存性，花瓣4片，雄蕊多數，花絲基部合生。核果長橢圓形，略作四稜狀，中果實富含纖維質。**別稱**　水茄冬、水貢仔、細葉棋盤腳樹。**英名**　Small-leaved barringtonia。**有毒部位**　葉、樹皮與根含氫氰酸及皂素。**中毒症狀**　誤食引起胃腸不適、腹瀉、動作不協調及肌肉麻痹等現象。**分布**　基隆、宜蘭及恆春沿海有少量分布。**用途**　可供觀賞及防風。

（下）雞母珠的種子。

雞ㄐㄧ 母ㄇㄨˇ 珠ㄓㄨ　*Abrus precatorius* L.

屬於豆科，雞母珠屬。落葉性攀緣灌木；葉偶數羽狀複葉，小葉7～20對，先端有一芒尖；花序總狀，花冠蝶形，白色或略帶粉紅，雄蕊9枚；莢果扁平狀長橢圓形，內有種子3～6粒；種子橢圓形，朱紅色，但在頂端有帽狀的黑點。**別稱**　相思子、紅珠木、雞母子、雞母真珠等。**英名**　Rosary pea。**有毒部位**　種子含毒蛋白，不論是否成熟，均含劇毒。**中毒症狀**　少量時惡心、嘔吐(6小時內20次)，半日內連續腹瀉、虛弱、無法站立、流冷汗、腹部絞痛、脈搏加速，手腳發抖，並有長期便血之情況，量多時死亡。**分布**　中南部之海邊、河岸、山麓及原野路旁。**用途**　①根及乾燥莖葉可泡茶飲用。②種子可製各種裝飾品，但最好不要穿洞，以免毒蛋白外溢。

(小)相思樹的莢果。

相ㄒㄧㄤ 思ㄙ 樹ㄕㄨˋ　*Acacia confusa* Merr.

屬於豆科，相思樹屬。常綠喬木，幼樹或小苗可以見到它真正的葉（二回羽狀複葉）；長大後，真正的葉消失，代之而起的是鐮刀狀的假葉。假葉互生，革質，長 8～10 公分，兩端均爲漸尖形，葉脈 3～7 條，相互平行。春至夏季開花，圓頭狀花序金黃色，腋出，萼鐘形，花瓣 4 片，雄蕊多數；莢果平而薄，內藏種子 5～8 粒。**別稱**　臺灣相思、相思仔、香絲樹。**英名**　Taiwan acacia。**有毒部位**　種子。**中毒症狀**　孩童誤食種子，輕者有頭痛、惡心、嘔吐、腹痛、心跳加快等症狀；嚴重者甚至死亡。**分布**　全省低海拔山野、乾燥河床等遍地繁生，族羣極爲龐大。**用途**　①木材爲重要薪炭材，可製木炭等；也是枕木、坑木良材。②爲優良之行道園景樹。

(小)孔雀豆的種子。

孔ㄎㄨㄥˇ雀ㄑㄩㄝˋ豆ㄉㄡˋ *Adenanthera pavonina* L

屬於豆科，孔雀豆屬。落葉性喬木，高10餘公尺，嫩枝有細毛，老則光滑。葉爲二回羽狀複葉，總柄長20～40公分；羽片3～4對，近於對生；小葉4～6對，互生，長橢圓形，薄膜質，長約2.5公分，寬約1公分，表面深綠，背面粉綠。春至仲夏開花，總狀花序，密花，腋出，花小型，黃白色，花瓣5片，雄蕊10枚；莢果鐮刀狀，長10～16公分，種子扁圓形，熟時深紅色而有光澤。**別稱**　海紅豆、紅豆、相思豆、紅木等。**英名**　Red sandalwood tree；Coral-bean tree；Circassian bean。**有毒部位**　全株有毒，種子毒性最强。**中毒症狀**　人畜誤食，引起劇烈腹痛、嘔吐、脈搏減弱、呼吸困難等。**分布**　各地零星栽培。**用途**　①種子可製飾品。②莖葉爲强壯劑。

合ㄏㄜˊ 萌ㄇㄥˊ　*Aeschynomene indica* L.

屬於豆科，合萌屬。一年生直立性草本，莖在上部分枝，高約 30～120 公分，全體光滑無毛。葉爲一回奇數羽狀複葉，小葉多數，約 20～30 對，線形或長橢圓形，先端鈍形，長 1～1.5 公分；托葉披針形，長約 1 公分，脫落性。春、夏季開花，總狀花序腋出，由 1～4 朵花組成，花黃色，長約 0.8 公分；花萼 2 唇形，上唇全緣或作 2 淺裂，下唇 3 裂；雄蕊 10 枚；莢果線形，直立或彎曲，長 1～3.5 公分，有 4～8 節。**別稱**　田皂角、虱篦草。**英名**　Joint vetch。**有毒部位**　全株。**中毒症狀**　家畜誤食枝葉或嫩芽，常引起全身痛苦，甚至死亡。**分布**　熱帶地區普遍存在，臺灣全省曠野及荒地、路旁向陽處皆可見及。**用途**　可作綠肥。

大葉合歡 *Albizia lebbeck*(L.)Benth.

屬於豆科，合歡屬。落葉大喬木，高可達 20 餘公尺，樹皮暗灰或淺褐，有不規則裂目。偶數羽狀複葉，總葉柄近基部處及先端各有一杯形腺體，葉片 4～10 對，小葉 6～10 對，刀形或不等邊之橢圓形，長約 3～5 公分，寬約 1.5 公分。夏季開花，頭狀花序有長總梗，2～3 個簇生於葉腋或枝端，萼管狀，花冠 5 裂，雄蕊多數，花絲細長；莢果扁而薄，內藏約 10 粒種子。**別稱**　闊莢合歡、印度合歡、大合歡、白夜合、緬甸合歡等。**英名**　Siris；Siris tree；Lebbek tree。**有毒部位**　豆莢和種子。**中毒症狀**　人畜誤食嫩莢及種子除了腹痛、腹瀉之外，還可能有阻止排卵、抑制精蟲活性等現象。**分布**　各地普遍栽培。**用途**　①觀賞。②樹皮及種子可治痔疾；花搗敷腫毒。

望ㄨㄤˋ江ㄐㄧㄤ 南ㄋㄢˊ

Cassia occidentalis L.

屬於豆科，決明屬。亞灌木狀草本，高 1～2 公尺，全株光滑無毛；偶數羽狀複葉，小葉 3～6 對，卵形或卵狀長橢圓形，有令人不快之氣味；托葉早落性；4～9 月間開花，總狀花序作繖房狀排列；花黃色，5 瓣，雄蕊 10 枚，但其中 3 枚退化；莢果扁平狀線形，長約 10 公分，內藏種子 25～40 粒。**別稱**　羊角豆、金豆子、野扁豆、石決明、假決明等。**英名**　Coffee senna。**有毒部位**　根及生鮮的花和莢果有毒。**中毒症狀**　食用生鮮或未煮熟的花枝或果枝，會造成昏迷、惡心、嘔吐、腹瀉、肝腫大、心跳加快等，嚴重時甚至死亡。**分布**　全省低海拔山野及荒地，頗爲常見。**用途**　①嫩苗葉可炒食，但務必炒熟；種子可煮茶。②種子可治腹痛、頭痛、下痢等。

蝶ㄉㄧㄝˊ 豆ㄉㄡˋ *Clitoria ternatea* L.

屬於豆科，蝶豆屬。多年生纏繞草本，莖纖細多毛。羽狀複葉；小葉5～9片，卵形或寬橢圓形，兩面疏生短毛。花腋生，大型，通常爲單生花；花冠藍色、粉紅或白色。莢果長5～10公分，頂端具長喙，種子6～10粒，成熟時近黑色。**別稱**　羊豆、藍花豆、蝴蝶花豆、藍蝴蝶等。**英名**　Kordofan pea。**有毒部位**　成熟種子和根部有毒。**中毒症狀**　人畜誤食會出現惡心、嘔吐和腹瀉等症狀。**分布**　亞洲的熱帶地區均可見及，臺灣中南部低海拔山野、荒地、林緣、海邊較爲常見，小琉球島上尤多，常見大片聚落。**用途**　①栽培供觀賞，盆栽或種於籬笆邊最佳，目前已有重瓣品系。②嫩葉及花可食用，但必須煮熟。

黃ㄏㄨㄤˊ野ㄧㄝˇ百ㄅㄞˇ合ㄏㄜˊ *Crotalaria pallida* Ait.

屬於豆科，野百合屬。亞灌木狀草本，高約 1 公尺；莖、枝被伏貼柔毛。三出複葉，頂小葉最大，兩側小葉較小，頂端鈍或微缺。總狀花序，有花 20～50 朵；花冠黃色，旗瓣上有紫紅色條紋。莢果圓柱狀，幼時被毛，熟時下垂，開裂後扭曲；種子多數。**別稱** 豬屎青、野黃豆、豬屎豆、白馬屎、戇戇草等。**英名** Yellow rattlebox。**有毒部位** 種子和幼嫩枝葉有毒。**中毒症狀** 人畜誤食種子或莖葉，會有程度不同的頭痛、頭昏、惡心、嘔吐、食慾不振、下痢等症狀，嚴重者會因腹水和肝功能喪失而死亡。**分布** 產全省低海拔山野、路旁、荒地、乾燥河牀等向陽處所，十分常見。**用途** ①爲良好的綠肥或堆肥原料。②可栽培於高速公路兩旁斜坡供觀賞。

(小)鳳凰木的種子。

鳳ㄈㄥˋ凰ㄏㄨㄤˊ木ㄇㄨˋ *Delonix regia*(Bojero *ex* Hook.)Rafin.

屬於豆科，鳳凰木屬。落葉性喬木，高約8～25公尺；樹皮粗糙，灰褐色。二回偶數羽狀複葉；羽片對生，15～30對，每羽片有小葉20～40對，頂端鈍，基部歪斜。總狀花序；花大，紅色，有黃色及白色斑點；雄蕊紅色；花萼腹面深紅色，背面綠色。莢果熟時黑褐色；種子多數。花期5～7月；果期10～12月。**別稱** 紅花楹樹、火樹。**英名** Flame tree。**有毒部位** 花和種子有毒。**中毒症狀** 小孩誤食種子中毒後有頭暈、流口水、腹脹、腹痛、下痢等症狀。莖皮的淬取物對家畜有催吐作用和中樞神經的抑制作用。**分布** 原產馬達加斯加，臺灣各地庭園普遍栽植，中南部各縣尤多。**用途** ①爲優良之行道園景樹。②樹皮爲解熱劑，花可提取抗生素，並有驅蟲效果。

毛魚藤 *Derris elliptica* (Roxb.) Benth.

屬於豆科，魚藤屬。常綠藤本，嫩枝、葉柄及花序均密被銹褐色毛茸。葉具長柄，羽狀複葉，小葉4～6對，對生，革質，倒卵狀長橢圓形，先端突尖，背面被有褐色絨毛。總狀花序較長，疏花；花梗與萼均有毛；花粉紅或深紅色，長約2公分；萼鐘形，旗瓣圓形，背側被有絹毛；龍骨瓣近於合生。莢果長橢圓形，扁平，於隙縫處隆起，兩側均有狹翅，內藏種子2～3粒。**別稱**　魚藤。**英名**　Tuba；Tuba root；Tubaroot jewelvine。**有毒部位**　根及莖有毒。**中毒症狀**　噁心、嘔吐、腹痛、呼吸減慢、痙攣、昏迷、心力衰竭等，嚴重時致死。**分布**　爪哇、印度、馬來西亞等地原產，臺灣各地零星栽培。**用途**　①根與莖均含有魚藤精，可供殺蟲之用。②可爲蔭棚植物。

魚ㄩ藤ㄊㄥˊ *Derris trifoliata* Lour.

屬於豆科，魚藤屬。木質藤本，小枝和葉均無毛。奇數羽狀複葉；小葉 3～7 片，近革質，卵狀長圓形至長橢圓形。總狀花序腋生或側生於老枝上；花冠蝶形，白色或粉紅色。莢果扁平而薄，斜卵形、圓形或闊長橢圓形，無毛，僅在腹縫有狹翅，長 2.5～4 公分，寬約 2.5 公分；種子腎形，1～2 顆。花期 5～8 月，果期 7～10 月。**別稱**　毒魚藤、臺灣魚藤、三葉魚藤等。**英名**　Trifoliate jewelvine。**有毒部位**　全株有毒。**中毒症狀**　人畜誤食引起腹痛、惡心、嘔吐、陣發性痙攣、肌肉顫動、呼吸減慢，嚴重時會因呼吸中樞麻痹而死；也可通過皮膚引起中毒。**分布**　廣泛分布於舊熱帶地區，臺灣常見於恆春半島、蘭嶼、小琉球海岸叢林邊緣。**用途**　可製造農用殺蟲劑。

(下)刺桐的果實和種子。

刺ㄘˋ桐ㄊㄨㄥˊ *Erythrina variegata* L. var. *orientalis*(L.)Merr.

屬於豆科，刺桐屬。落葉性喬木，葉互生，有長柄，三出複葉，小葉具短柄，並在葉柄基部著生一腺體，菱形或扁闊卵形，膜質，先端鈍，長約 10 公分，寬約 11 公分。春季開花，總狀花序，小花每 2～3 朵形成一束，在花軸上傾斜地排成 4 列。每一朵蝶形花長約 6 公分，雄蕊 10 枚，花絲暗紅；莢果念珠狀，長 15～25 公分；種子紅褐色，橢圓形，長約 1.5 公分。**別稱** 雞公樹、梯枯等。**英名** Coral tree。**有毒部位** 種子及莖皮含多量有毒植物鹼，其他部分亦含少量。**中毒症狀** 誤食生鮮的種子或其他部分，會造成中樞神經的破壞，引起頭昏、嗜睡、四肢無力等症狀。**分布** 產全省平野及溪流兩岸，亦常植爲行道園景樹。**用途** ①觀賞。②木材可製造浮苓、木屐或玩具。

野ㄧㄝˇ青ㄑㄧㄥ樹ㄕㄨˋ *Indigofera suffruticosa* Mil

屬於豆科，木藍屬。灌木或亞灌木，高 60～150 公分。枝有白色丁字毛。羽狀複葉；小葉對生，表面近於光滑或疏生毛茸，背面灰白色有丁字毛；葉柄有丁字毛。總狀花序腋生；花萼鐘狀，有毛；花冠紅色，外面有毛。莢果圓柱狀，長 1～1.5 公分，呈鐮刀狀彎曲，紅色或茶褐色，有丁字毛。終年開花結果。**別稱**　假藍靛、菁子、藍、野木藍、大青、番菁等。**英名**　American indigo。**有毒部**全草有毒。**中毒症狀**　誤食少量引起頭痛、頭暈等；大量引起咽喉縮、惡心、劇烈嘔吐、腹痛、腹瀉、眩暈、痙攣。**分布**　中國大陸菲律賓和臺灣，全島低海拔曠野皆有其族羣，常呈散生狀態。**用**①莖葉可採取藍色染料。②莖葉可敷治腫毒、疥瘡等。

ㄒㄧㄤ 豌ㄨㄢ 豆ㄉㄡˋ　*Lathyrus odoratus* L.

於豆科，香豌豆屬。一年生草本；莖有翅，被短柔毛。小葉 2 片，
橢圓形或長圓狀卵形；葉軸有翅，上部有 3～5 對卷鬚。總狀花序
花 1～5 朵，蝶形花冠有白、紅、粉紅、紫紅等多種顏色，具香氣
莢果有短柔毛；種子多數，近球形，熟時灰棕色。花果期 4～9 月
別稱　花豌豆、麝香豌豆、香豆花等。**英名**　Sweet pea。**有毒部**
　種子和開花時期的莖、葉有毒，以未成熟的種子毒性最強。**中毒**
狀　人中毒後往往出現一系列脊髓功能障礙，開始時兩腿無力，然
腰痛逐漸加重，行走困難，前進時足向內翻或貼地不易抬起，腿部
瘦，以致痙攣性癱瘓。同時還有小便失禁等症狀。中毒者難以治癒
但死亡不多見。**分布**　各地零星栽培。**用途**　栽培供觀賞。

菈藤 *Millettia taiwaniana*(Matsum.)Ma

屬於豆科，崖豆藤屬。攀緣灌木。葉爲奇數羽狀複葉；小葉 7～13
，革質，對生，先端突尖，基部鈍，全緣，背面微布軟毛。總狀花
，密被柔毛；花爲淡紅紫色，其後變爲白色，蝶形；旗瓣橢圓形，
端凹缺，基部具短瓣柄；雄蕊單體。莢果球形或長橢圓形，木質，
藏種子 1～3 粒。**別稱**　魚藤、毒藤、臺灣雷藤、臺灣崖豆藤、臺
雞血藤、華魚藤等。**英名**　Taiwan millettia。**有毒部位**　根及莖
中毒症狀　誤食後出現消化及神經系統症狀，如惡心、嘔吐、腹痛
呼吸緩慢、陣發性痙攣；嚴重者昏迷、呼吸麻痹、心力衰竭而死。
布　全省海拔 1000 公尺以下之林緣、路旁、山坡向陽地，相當常
。**用途**　①全株可作蔭棚。②根用以毒魚，並具殺蟲之效。

豆ㄉㄡˋ薯ㄕㄨˋ

Pachyrrhizus erosus(L.)Urban.

屬於豆科，豆薯屬。草質藤本，稍有毛；塊根紡錘形或扁球形，肉質。小葉3枚，頂生小葉菱形，側生小葉斜卵形。總狀花序疏散；花冠紫堇色。莢果扁平，被有毛茸，在種子與種子間有窄縮現象。**別稱** 刈薯、地瓜、沙葛、涼薯、葛薯等。**英名** Yam bean。**有毒部位** 種子有毒。**中毒症狀** 人吃5~6粒便可中毒死亡，大陸常有兒童誤食中毒的報導。食後數分鐘至數小時後出現頭昏、惡心、口乾、嘔吐、腹痛、腹瀉、四肢麻木等症狀；嚴重者呼吸困難、肢端發涼、血壓急劇下降、眼球突出、瞳孔縮小、對光反射消失、昏迷乃至死亡。**分布** 熱帶亞洲原產，臺灣中、南部零星栽培。**用途** ①塊根可食用。②種子油可當殺蟲劑；種子粉可治紅色粟粒疹皮膚病。

灰ㄏㄨㄟ 毛ㄇㄠˊ 豆ㄉㄡˋ　*Tephrosia purpurea*(L.)Per

屬於豆科，灰毛豆屬。多年生草本，高 30～60 公分，幼枝有短柔毛。羽狀複葉互生，小葉 7～17 片，長橢圓狀倒披針形，背面有短柔毛；托葉線狀錐形。總狀花序與葉對生，花冠淡紫色。莢果稍彎，長～4 公分；種子灰褐色，腎形，有紅褐色斑紋。花期 6～9 月，果期～11 月。**別稱**　野藍、野青樹、紅花灰葉、假靛青、山青、苦草、烏仔草、灰葉等。**英名**　Purple hoary pea。**有毒部位**　全株有毒，以根部毒性較大。**中毒症狀**　人中毒後之症狀主要為腹痛和腹瀉等。**分布**　廣布於熱帶地區，臺灣南部曠野及海濱相當常見。**用途**　根及根皮供藥用，為解阻劑及利尿劑，對咳嗽、胸部壓迫感，肝、脾、腎臟受阻塞等，據說頗為有效；也可治療疔瘡及粉刺等。

紫ㄗˇ 藤ㄊㄥˊ *Wisteria sinensis*(Sims)Sweet

屬於豆科，紫藤屬。落葉性大藤本，莖木質，具纏繞性。葉互生，一回奇數羽狀複葉，小葉 7～13 枚，卵狀長橢圓形至卵狀披針形，長 4～8 公分，先端突尖，基部闊楔形，幼時密生短柔毛，成長後無毛。～4 月間開花，總狀花序長 30～60 公分，密花，花冠紫色，稍具芳香，長約 2 公分餘，同花序上之小花幾乎同時開放。莢果長 1～1.5 公分，密生絨毛，種子 1～3 顆。**別稱** 葛花、藤蘿樹、招豆藤等。**英名** Chinese wisteria。**有毒部位** 種子。**中毒症狀** 誤食生鮮種子引起惡心、腹痛、腹脹，並不停地嘔吐和瀉痢，約 1～2 日後才可恢復。**分布** 原產我國大陸，臺灣各地零星栽培。**用途** ①觀賞。②樹皮纖維可供織物，種子炒熟放入酒中，可讓酒不致腐敗。

鈴ㄌㄧㄥˊ 蘭ㄌㄢˊ *Convallaria majalis* L

屬於百合科，鈴蘭屬。多年生草本；根狀莖細長，匍匐。葉 2 枚，橢圓形，先端急尖，基部稍狹窄；葉柄基部有數枚鞘狀的膜質鱗片。花莖由鱗片腋抽出；總狀花序偏向一側；苞片披針形，膜質；花冠白色，鈴形，先端 6 裂；雄蕊 6 枚；花柱比花被短。漿果球形；種子橢圓形，扁平。花期 4～6 月，果期 7～9 月。**別稱**　草玉鈴、香水花、蘆藜花等。**英名**　Lily of the valley。**有毒部位**　全草有毒，花、根毒性較強。**中毒症狀**　某些人服用其乾品或製劑，造成流涎、惡心、嘔吐、腹瀉等症狀，有的出現頭暈、頭痛、心律不整等病症。**分布**　歐洲及亞洲的溫帶地區原產，臺灣各地零星栽培。**用途**　①栽培供觀賞。②葉、根及花均可當強心、利尿劑。

桔梗蘭 *Dianella ensifolia*(L.)DC.

屬於百合科，桔梗蘭屬。多年生草本；根狀莖橫走；葉互生，多數密集，革質，披針形或劍形，全緣，基部抱莖，下表面的中肋凸起；花莖甚長，花序圓錐狀，花藍紫色或白色，小花梗短，苞片匙形，花被裂片6，二輪，披針形；雄蕊6枚；子房上位，花柱線狀。漿果紫藍色。**別稱**　老鼠砒、山貓兒、山大箭蘭、山菅蘭、竹葉蘭等。**英名** Umbrella dracaena。**有毒部位**　全草有毒，莖汁毒性尤强。**中毒症狀**　家畜嚼食多量能中毒致死；輕者則有嚴重下瀉現象，並出現食慾不振，精神萎靡等症狀。**分布**　全省低海拔山區或路旁，常散生或羣生於乾燥處。**用途**　①栽培供觀賞。②葉敷治蛇傷，根則可治腹痛等。③莖葉搗汁浸米或其他食品，可用以毒殺老鼠。

嘉ㄐㄧㄚ 蘭ㄌㄢˊ *Gloriosa rothschildiana* O'Brien

屬於百合科，嘉蘭屬。攀緣植物，地下有條形塊根。莖長 2～4 公尺，綠色。葉通常對生，有時略作輪生，披針形，先端呈卷鬚狀。花單生於上部葉腋或葉腋附近；花被片條狀披針形，向上翻起，基部漸狹而多少呈柄狀，邊緣皺波狀。花期 8～10 月。**別稱**　嘉蘭百合、火焰百合、印度百合。**英名**　Gloriosa lily；Climbing lily；Flame lily。**有毒部位**　全株有毒，塊根尖端毒性最强。**中毒症狀**　誤食後引起唇、舌、咽喉刺痛，接著麻木、腹部灼痛，身體各部皮膚麻木、惡心、嘔吐、腹瀉帶血、眩暈、四肢無力、眼瞼沉重、怕光、呼吸困難、脈搏快而軟弱，最後失去知覺而死亡。**分布**　臺灣各地零星栽培。**用途**　①栽培供觀賞。②可作切花材料。

雜ㄗㄚˊ交ㄐㄧㄠ萱ㄒㄩㄢ草ㄘㄠˇ *Hemerocallis* × *hybrida* Hort. *ex* Kerbs

屬於百合科，萱草屬。多年生草本，根莖甚短，無莖；葉片基生，叢出，線形，先端漸尖，基部抱莖，全緣，主脈明顯，長約 30～60 公分；5～11 月開花，花莖圓柱狀，自葉叢間抽出，苞片卵狀三角形，花梗長 2～4 公分，花被下部管狀，上部鐘形，6 裂；雄蕊 6 枚，花絲細長，子房 3 室，蒴果長圓形，但結果率不高。**別稱** 雜交金針、忘憂花、宜男草等。**英名** Day lily。**有毒部位** 根及花。**中毒症狀** 食用根部過量，會有惡心、瞳孔放大、呼吸困難、視力減弱乃至失明等；誤食大量花朵，會有腹痛、腹瀉等症狀。**分布** 雜交栽培種，全省各地普遍栽培，臺東地區尤多。**用途** ①觀賞，盆栽或花壇栽培均佳。②爲良好之切花花材。

風ㄈㄥ 信ㄒㄧㄣˋ 子ㄗˇ *Hyacinthus orientalis* L.

屬於百合科，風信子屬。多年生草本，地下具卵形之鱗莖，其直徑約5公分左右，外皮紫紅或灰白。葉4～8枚，廣線形或長披針形，肉質內凹。花莖自葉中抽出中空或圓柱形，小花多數呈總狀花序密生於上。花漏斗形，橫向或下垂開放。花冠6裂，開放時向外反捲。有紅、白、紫、藍紫、黃等多種色彩。雄蕊6枚，甚少結果。**別稱**　洋水仙、五彩水仙、海仙花、夜香蘭等。**英名**　Hyacinth。**有毒部位**　全株，鱗莖毒性尤强。**中毒症狀**　誤食引起胃部不適或抽筋，並有上吐下瀉之現象。**分布**　地中海沿岸原產，臺灣每年均大量引進鱗莖栽培，為年節之重要盆花之一。**用途**　觀賞。

(上)七葉一枝花的花。(下)七葉一枝花的果。

七ㄑㄧ 葉ㄧㄝˋ 一ㄧ 枝ㄓ 花ㄏㄨㄚ *Paris polyphylla* Smith

屬於百合科，七葉一枝花屬。多年生直立草本；根莖肥厚，有節，具鱗片狀葉及衆多鬚根。莖單一，基部有膜質葉鞘包莖。葉生莖頂，通常 7 片，長橢圓形或橢圓狀披針形；主脈 3 條，花朵單生於頂端；雄蕊數目與花被片同；花絲扁平，花葯線形，長度爲花絲之 2～3 倍。蒴果球形；內含多數鮮紅卵形種子。花期 4～7 月，果期 8～11 月。**別稱**　重樓、燈臺七、蚤休、七葉蓮、青木香等。**英名**　Paris。**有毒部位**　根莖。**中毒症狀**　人畜誤食多量引起頭痛、頭暈、惡心、嘔吐，嚴重時有痙攣、抽搐等症狀。**分布**　產喜馬拉雅、中國大陸及臺灣海拔 800～2000 公尺山區，常散生於陰濕之森林中。**用途**　①栽培供觀賞。②根爲强壯劑，可治四肢及腰部疼痛。

(小)萬年青的花。

萬ㄨㄢˋ年ㄋㄧㄢˊ青ㄑㄧㄥ *Rohdea japonica*(Thunb.)Roth *et* Kunth

屬於百合科，萬年青屬。多年生常綠草本，無地上莖，根莖黃白色。葉自根狀莖叢生，3～9 枚，質厚，深綠色。春、夏從葉叢中生出花莖，花多數，排列呈穗狀，花淡綠白色。漿果球形，橘紅色，內藏種子 1 粒。**別稱**　冬不凋草、鐵扁擔、開口劍等。**英名**　Lily of China ; Sacred lily of China。**有毒部位**　根莖有毒。**中毒症狀**　誤食多量根莖，會出現惡心、嘔吐、腹痛、腹瀉，繼之胸悶、四肢發冷、心率減慢，並逐漸昏迷，乃至心跳停止而死亡。根據大陸方面的報導，有人服用 4 克萬年青根莖後出現惡心、四肢厥冷、脈搏慢，接著逐漸昏迷，48 小時後死亡。**分布**　臺灣各地普遍栽培。**用途**　①栽培爲室內觀葉植物。②根莖爲强心利尿劑；生根煎汁，可敷治蛇傷。

臺灣藜蘆 *Veratrum formosanum* Loesen. f.

屬於百合科，藜蘆屬。多年生草本，根莖粗短。葉互生，無柄，線狀披針形，表面綠色，背面灰綠，兩面無毛，長 10～20 公分，寬 1～2 公分。花小，密生成大型圓錐花序，兩性花多數生於花軸中部以上，花被大都爲紫褐色，少數爲黃綠色。蒴果卵狀三角形，熟時 3 裂；種子多數。花果期 7～10 月。**別稱**　山蒜頭、山葱、棕包頭等。**英名**　Taiwan flase hellebore。**有毒部位**　全株有毒，根部較毒。**中毒症狀**　人畜誤食，口及胃發熱疼痛、流涎、惡心、嘔吐、疝痛、下痢、四肢無力、出汗、意識模糊等。**分布**　產中央山脈海拔 2600～3200 公尺的高山地帶，通常散生於向陽而開闊的草原。**用途**　①栽培供觀賞。②根及根莖可治高血壓、小兒癎風；葉可敷治疥癬、頭痛等。

亞ㄧㄚˋ麻ㄇㄚˊ *Linum usitatissimum* L

屬於亞麻科，亞麻屬。一年生草本，莖細長，高約 80～150 公分，在莖梢分枝。葉互生，線形或披針形，長 2～3 公分，全緣。春、夏季開藍紫色或白色花，聚繖花序；萼片 5，卵形，花瓣 5，倒卵形，先端凹；雄蕊 5 枚，假雄蕊亦 5 枚，子房長，有 5 花柱。蒴果圓形，種子長橢圓形。**別稱**　鴟麻、壁虱胡麻、滑胡麻、胡麻等。**英名**　Flax；Common flax；Linseed。**有毒部位**　枝葉及種子油。**中毒症狀**　人畜誤食其枝葉、乾草飼料或種子，將導致呼吸困難、氣喘、步履蹣跚、全身麻痹、昏迷等症狀；嚴重時，甚至造成死亡。**分布**　歐洲原產，臺灣各地零星栽培。**用途**　①莖皮纖維可作紡織原料。②種子可榨油作工業用途及輕瀉藥、糖尿病藥等。

樹ㄕㄨˋ *Melia azedarach* L.

楝科，楝屬。落葉性喬木。葉爲二至三回奇數羽狀複葉；小葉對
3～4 對。圓錐花序約與葉等長，花有特異之芳香，花瓣淡紫色
蕊 10 枚，花絲連成筒狀，核果球形至橢圓形，長 1～2 公分；熟
褐色，種子橢圓形。花期 2～4 月，果期 9～12 月。**別稱**　苦楝
樹、金鈴子、翠樹、紫花樹、苦苓、旃檀、苦苓仔等。**英名**
na berry。**有毒部位**　根皮、莖皮有毒，成熟果實毒性最大。**中**
狀　惡心、嘔吐、劇烈腹痛、下痢、頭痛、暈眩、昏睡、全身無
體溫上升、瞳孔放大、抽搐、發抖、血壓下降，最後因呼吸麻痹
。**分布**　全省低海拔山野極爲常見。**用途**　①栽培爲行道園景樹
根皮可驅蛔蟲，果實可治腹部疝痛等。

木ㄇㄨˋ防ㄈㄤˊ己ㄐㄧˇ

Cocculus trilobus(Thunb.)D

屬於防己科，木防己屬。纏繞性藤本，小枝被有短毛，葉形多變化但常作全緣或 3 淺裂，主葉脈 3 條。聚繖花序單生或作圓錐狀排列雌雄異株，萼片、花瓣各 6 枚；雄花有雄蕊 6 枚；雌花心皮 6 個。果成熟後藍黑色，外被白粉。花期 4～7 月，果期 8～10 月。**別**青藤、防己、青藤根、士木香、青藤香、青木香、牛木香、白山蕃等。**英名** Japanese snail seed。**有毒部位** 根、葉有毒。**中毒症**大量食用將導致呼吸中樞及心臟麻痹，嚴重時死亡。**分布** 中北部海拔森林邊緣，荒地或海濱也很常見。**用途** ①可栽培供觀賞。②爲利尿劑，也可治療水腫、膀胱炎及神經痛；與莖煎服還能解熱、胃痛等，但用量需特別注意。

千ㄑㄧㄢ 層ㄘㄥˊ *Melaleuca leucadendra*(L.)L.

於桃金娘科，白千層屬。常綠大喬木，株高10～20公尺，樹木具數薄層，海綿質，灰白或褐白色，柔軟而富彈性，會自然脫落。葉生，有柄，橢圓狀披針形或長橢圓形，兩端均銳，長6～10公分，1～2公分，葉脈3～7條，平行。夏、秋季開花，花序頂生，密穗排列，形如瓶刷；花軸在結果後，會再延伸而生新枝新葉；花淡黃色，有異香，萼鐘形，瓣5片，雄蕊多數；蒴果成熟後3裂，種子小。**別稱**　脫皮樹、相思仔。**英名**　Cajeput；Cajeput tree；Au-alian tree。**有毒部位**　花粉。**中毒症狀**　敏感者吸入花粉後，往造成呼吸道過敏，猛打噴嚏、頭痛、惡心、氣喘等，有時臉部會出小紅疹。**分布**　臺灣各地普遍栽培。**用途**　爲優良之行道園景樹。

南ㄋㄢˊ天ㄊㄧㄢ竹ㄓㄨˊ *Nandina domestica* Thur

屬於小蘗科，南天竹屬。常綠性灌木，高約 1～2 公尺；莖直立，分枝。葉互生，二至三回奇數羽狀複葉；小葉對生，革質，橢圓狀針形，長 3～8 公分，全緣，冬季常呈紫紅色。圓錐花序頂生，長～40 公分；花白色。漿果球形，成熟時鮮紅色。花期 4～7 月，果 9～11 月。**別稱**　天竹、紅杷子、天燭子、南竹子、鑽石黃、闌天等。**英名**　Nandina。**有毒部位**　全株有毒。**中毒症狀**　人畜誤食全身興奮，並有脈搏忽快忽慢，且作不規則跳動，血壓下降、肌肉攣、呼吸麻痹、意識模糊等症狀等。**分布**　原產中國大陸、日本及度、臺灣各地零星栽培。**用途**　①栽培供觀賞。②種子爲著名鎮咳，可治哮喘及百日咳；葉爲强壯劑。

(小)紫茉莉的塊根。

紫ㄗˇ茉ㄇㄛˋ莉ㄌㄧˋ

Mirabilis jalapa L.

屬於紫茉莉科，紫茉莉屬。多年生草本，高約 50～100 公分；莖直立，多分枝。葉對生，卵形或卵狀三角形。花在每一總苞內開 1 朵，傍晚開放；苞片 5 裂，萼片狀；花被呈花冠狀，有紫紅、白色、黃色、紅色或斑色，漏斗形，花被筒圓柱形，頂端 5 裂。果實卵形，長約 0.8 公分，黑色，具稜。花期 4～11 月。**別稱**　煮飯花、夜飯花、素香、胭脂花、晚香花、粉子頭等。**英名**　Marvel-of-Peru。**有毒部位**　根和種子有毒。**中毒症狀**　誤食塊根，會有口唇麻木，接著皮膚麻木、疼痛、觸覺遲鈍，並有頭痛、頭昏、耳鳴、聽力減退等現象。**分布**　熱帶美洲原產，臺灣各低海拔地區普遍栽植，部分荒地更有不少歸化個體。**用途**　①栽培供觀賞。②塊根可治胃潰瘍、胃出血等。

日ㄖˋ本ㄅㄣˇ女ㄋㄩˇ貞ㄓㄣ　*Ligustrum japonicum* Thumb

屬於木犀科，女貞屬。常綠灌木，高 3～5 公尺，幼嫩部分有毛。葉革質，廣卵形或卵狀長橢圓形，先端鈍或銳，全緣。圓錐花序頂生；花冠白色，漏斗狀，筒部呈長筒形；雄蕊 2 枚，子房 2 室；核果長橢圓形，徑約 6～7 公厘，熟時黑色。**別稱**　女貞木、冬青木、東女貞等。**英名**　Japanese privet。**有毒部位**　樹皮、葉和果實有毒。**中毒症狀**　家畜誤食枝葉及樹皮後，出現後肢無力、瞳孔放大、黏膜輕度瘀血，2～3 天後死亡；食果實後則出現全身不適，下痢、無精打采等現象。**分布**　產中國、日本、韓國和琉球等地，臺灣分布在海拔 500～2500 公尺之山區，中、北部較爲常見。各地庭園、公路兩旁也多有種植。**用途**　①觀賞。②種子爲强壯劑；葉搗爛，可敷腫毒。

(小)叢立孔雀椰子的花。

叢立孔雀椰子 *Caryota mitis* Lour.

屬於棕櫚科，孔雀椰子屬。小喬木，莖幹單一，節環顯著，高約 4～8 公尺，粗 10～12 公分，常多株成叢生長。葉二回羽狀複葉，小葉互生，質薄而軟，魚鰭形，外側之葉緣先端成一短突尖，頂緣作咬切狀。春、夏季開花，肉穗花序腋出，長約 30 公分，小梗多數，自總梗基部分歧而下垂，狀如拖把或掃帚。雄花多數，雌花獨生或 2～3 朵簇生；雄蕊 15～25 枚，子房圓形；果實球形，成熟時帶暗紅色。**別稱** 桄榔、酒椰子等。**英名** Fishtail palm；Tufted fishtail palm。**有毒部位** 果肉及果汁有毒，尤其在未成熟的時候。**中毒症狀** 誤食果肉引起腸胃發炎；誤觸果汁造成皮膚發癢及發炎。**分布** 全省各地普遍栽植。**用途** ①觀賞。②花軸之汁可釀酒。

薊ㄐ罌ㄥ粟ㄙ *Argemone mexicana* L.

屬於罌粟科，薊罌粟屬。一年生草本，高 50～100 公分，全株無毛但被有白粉。莖多刺，莖葉均有黃色汁液。葉互生，無柄，羽狀深裂。夏季開花，花黃色，單生於莖頂，萼片 2 枚；花瓣 4～6 片，雄蕊多數，柱頭 3～6 裂，暗紅色。蒴果長 2.5～4 公分，外被硬剛毛，成熟後 3～6 瓣裂。種子多數，有網紋。**別稱**　老鼠艻。**英名**　Prickly poppy。**有毒部位**　種子。**中毒症狀**　口服種子油引起嘔吐、腹瀉、下肢水腫、全身皮膚有強烈疼痛感。猴和貓中毒會昏睡、腹瀉、直到死亡。**分布**　原產西印度羣島，目前歸化在澎湖及臺灣東部沿海沙地，散生或聚集成小羣落。**用途**　①栽培供觀賞。②鮮草可當發汗劑；種子可當瀉劑；汁液治皮膚病、癩病等；種子油可治疝痛。

黃ㄏㄨㄤˊ 堇ㄐㄧㄣˇ　*Corydalis pallida*(Thunb.)Pers.

屬於罌粟科，紫堇(延胡索)屬。一或多年生草本，莖叢生，高約20～60公分，直立或斜上；葉有柄，二至三回羽狀複葉，小葉廣卵形，缺刻狀，下表面被有白粉。春季開花，總狀花序長3～7公分，有花5～9朵；苞片卵形或披針狀卵形；花黃色，萼2片，早落性；瓣4片，外2片較大，有距；雄蕊6枚，子房上位；蒴果細長筒狀，長2～3公分，略呈念珠狀。**別稱**　深山黃堇。**英名**　Wormwood；Corydalis。**有毒部位**　全株有毒，根部毒性最強。**中毒症狀**　人畜誤食，呈酒醉狀，有嗜睡、嘔吐、脈搏減弱、昏迷、呼吸急促、心肌麻痹等症狀。**分布**　產中、北部低至中海拔山區，常散生於潮濕之林緣或荒蕪之耕地間。**用途**　①觀賞。②根可爲鎮痛、散瘀藥。

博ㄅㄛˊ 落ㄌㄨㄛˋ 回ㄏㄨㄟˊ　*Macleaya cordata*(Willd.)R. Br.

屬於罌粟科，博落迴屬。多年生大型草本，莖高 2～3 公尺，圓柱狀，中空，表面被有白粉，含黃褐色液汁。葉互生，廣卵形，7～9 淺裂。大型圓錐花序頂生或腋生；花小，黃白色。蒴果扁楔形。**別稱**　落迴、黃薄荷、地陀羅、勃勒迴等。**英名**　Plume poppy；Tree celandine。**有毒部位**　全草有毒。**中毒症狀**　人畜誤食，引起胸悶、心悸、恐懼不安、四肢麻木、頭昏眼花、手腳抽搐、大量出汗、失去知覺、心跳不規則，接著心音逐漸消失，呼吸停止，終致死亡。發病常甚急，有些在誤食後 1～2 小時就突然死亡，十分恐怖。**分布**　原產中國及日本，臺灣產於新竹縣竹東山區。**用途**　①莖葉之黃褐色汁液可製除蟲劑。②全草搗敷，可治一切惡瘡及皮膚病，但絕不可內服。

虞ㄩˊ 美ㄇㄟˇ 人ㄖㄣˊ　*Papaver rhoeas* L.

屬於罌粟科，罌粟屬。一年生草本，莖高 30～80 公分，全株密生粗毛。葉互生，羽狀深裂，裂片線狀披針形。花蕾卵球形，向下；萼片 2 枚，綠色，花瓣 4 片，有紅、白、橙等色彩，甚美；雄蕊多數，雌蕊 1 枚；蒴果長約 1 公分。**別稱**　雛罌粟、麗春花、賽牡丹、錦被花、百般妖、叢蘭花、舞草等。**英名**　Corn poppy；Red poppy。**有毒部位**　全草有毒，果實毒性較大。**中毒症狀**　家畜誤食大量莖葉後出現狂躁、昏睡、心跳加速、呼吸快慢不均等症狀，重則死亡。人誤食果實孔汁，亦有昏睡、心跳加速等症狀。**分布**　臺灣高冷地零星栽培。**用途**　①觀賞，適合盆栽或養成花壇。②根部可治黃疸；花則用於鎮咳、祛痰、催眠等；蒴果的乳汁可製成鎮靜劑。

商ㄕㄤ 陸ㄌㄨˋ *Phytolacca acinosa* Roxb.

屬於商陸科，商陸屬。多年生草本，高可達 1.5 公尺；主根肥厚而呈肉質，圓錐形；莖綠色或紫紅色，粗壯而多分枝。葉互生，卵狀橢圓形至披針狀橢圓形，全緣，長約 10～25 公分；初夏開花，總狀花序腋出，花梗短，花小形，白色或淡粉紅色，花被 5 片，雄蕊 8～10 枚，子房具 6～8 枚心皮；彼此幾乎離生；漿果扁球形，成熟後紫黑色；種子扁平狀廣腎形，黑而亮。**別稱**　當陸、見腫消、土人參、白母雞等。**英名**　Indian poke。**有毒部位**　根部。**中毒症狀**　誤食造成頭昏、意識模糊、小便失禁、瞳孔放大等；嚴重時呼吸困難、心肌麻痹、血壓下降甚至死亡。**分布**　全省海拔 2000 公尺以下之林緣或林下陰濕處。**用途**　根可治水腫、脚氣、咽喉疾病等，並可外敷惡瘡。

洋ㄧㄤˊ商ㄕㄤ 陸ㄌㄨˋ *Phytolacca americana* L.

屬於商陸科，商陸屬。多年生草本，莖及葉柄常帶紫紅色，高約 40 ~180 公分；葉互生，橢圓形或披針形橢圓形，全緣；總狀花序腋出，花軸紫紅色，花冠白色；心皮 8 枚，雄蕊 10 枚；漿果扁球形，成熟後紫黑色；種子寬腎形，黑色，表面光滑。**別稱**　見腫消。**英名** Poke；Virginia poke；Pigeon berry。**有毒部位**　全草均有毒，根及果實毒性最強。**中毒症狀**　誤食後 2 小時許，嚴重嘔吐或乾嘔，從嘴到胃均有灼熱感，腹部抽筋、腹瀉、視覺模糊、昏昏欲睡、出汗；大量誤食時引起痙攣。家畜誤食引起腿部麻痹、昏迷及呼吸障礙、流產等。**分布**　全省低至中海拔山野、荒地、路旁均見歸化，臺北附近、馬祖列島均十分常見。**用途**　①根爲利尿劑，也可治療水腫。

烏ㄨ 面ㄇㄧㄢˋ 馬ㄇㄚˇ *Plumbago zeylanica* L.

屬於藍雪科，烏面馬屬。多年生半蔓性亞灌木，高 50～200 公分，葉紙質，卵形至卵狀長橢圓形，葉基向葉柄延伸成翼狀，花期 4～10 月，花序通常由穗狀花序作圓錐狀排列，頂生；花萼筒狀，表面密生黏毛(腺體)，宿存性；花冠白色，冠筒長約 1.5～2 公分，子房球形，花柱細長，柱頭 5 裂；胞果長橢圓形，成熟時蓋裂。**別稱**　白花丹、藍雪、黑面馬、白花藤等。**英名**　White leadwort。**有毒部位**　葉與根有毒。**中毒症狀**　家畜誤食根或葉，引起嘔吐、消化道出血乃至呼吸及循環系統衰竭；人將其葉、根搗爛外敷跌打，時間過久常造成皮膚發炎、紅腫、起水泡等。**分布**　全省低海拔山野及海濱可見。**用途**　莖葉可散瘡消腫、祛風，並可治蛇傷，痢疾等，但外敷不宜過久。

酸ㄙㄨㄢ 模ㄇㄛˊ *Rumex acetosa* L.

屬於蓼科，酸模屬。多年生草本，莖直立，高約 60～120 公分，分枝少。基生葉有長柄；莖上部的葉較小，近於無柄；托葉鞘膜質；圓錐花序頂生，雌雄異株；花被 6 片，雌花柱頭 3 枚，小堅果橢圓形，3 稜狀。**別稱**　山羊蹄、酸不溜、酸姜、蓚、山菠菜、野菠菜、酸木通、水牛舌頭等。**英名**　Common sorrel；Sour dock。**有毒部位**　全草有毒。常造成牛、馬、羊等家畜中毒。**中毒症狀**　家畜中毒後，常有步履不穩、流涎、顫抖、多尿、瞳孔放大、脈搏慢而微弱、眼珠下陷等症狀，接著呼吸急促、大量出汗、最後因過度衰竭而死亡。**分布**　全省各地曠野均有其蹤跡。**用途**　①嫩莖葉可爲求生野菜，但必須煮熟。②根爲健胃藥；莖葉搗爛，可敷治疥癬、汗斑等。

海綠　*Anagallis arvensis* L.

屬於櫻草科，琉璃繁縷屬。一年生草本，高 15～40 公分，莖方形而細長，自基部分枝；葉對生，無柄且無毛，常向外反折；葉片卵形，主脈 5 條，背面有紫色斑點。花單生於葉腋；花梗下彎；花萼 5 深裂；花冠藍紫色，5 深裂，裂片邊緣有細毛；雄蕊 5 枚，生於花冠基部，花絲有紫色毛，蒴果球形，成熟後蓋裂；種子極小，表面有顆粒狀花紋。**別稱**　琉璃繁縷、龍吐珠、四念癀、九龍吐珠、火金菇、藍繁縷等。**英名**　Poor man's weatherglass；Pimpernel。**有毒部位**　全草有毒。。**中毒症狀**　誤食多量後，會有腹痛、腹瀉現象，神經系統也會有麻痹情形。**分布**　日本、琉球、臺灣及臨海的亞熱帶與熱帶國家。**用途**　觀賞，可養成小盆栽，也可種成小花壇。

仙ㄒㄧㄢ 客ㄎㄜˋ 來ㄌㄞˊ *Cyclamen persicum* Mill.

屬於櫻草科，仙客來屬。多年生球根植物，地下部分有扁球形塊莖；莖極短，其上簇生多數葉子，葉柄甚長，葉片心臟形，厚肉質，色濃綠，表面散布銀灰色斑塊，頗美。冬至春季開花，花梗自葉脈處抽出，較葉柄更長，一梗一花；花蕾未綻時向下，花被開啓後旋即向上翻卷，煞是奇妙；雄蕊 5 枚，蒴果成熟時 5 瓣裂，種子有黏性。**別稱** 一品冠。**英名** Florist's cyclamen。**有毒部位** 塊莖。**中毒症狀** 塊莖含有毒植物鹼，人畜誤食生品或未煮熟品，會有頭昏、嘔吐、腹瀉等症狀。**分布** 原產地中海沿岸，目前臺灣各地普遍栽培，並能自行繁殖，供應花市所需。**用途** 觀賞，爲最優良之盆花植材，有「盆花女王」之美譽。

安ㄢ 石ㄕˊ 榴ㄌㄧㄡˊ *Punica granatum* L.

屬於安石榴科，安石榴屬。落葉灌木或小喬木；分枝多，小枝頂端常呈刺狀。葉片對生，倒卵形或長橢圓形。5～8 月開花，單瓣或複瓣；花萼鐘形，6 裂狀；花瓣紅色，淡黃色或白色；雄蕊多數；子房下位。漿果近球形，有宿存萼；種子具肉質的假種皮。**別稱** 石榴、榭榴、謝榴、紅石榴等。**英名** Pomegranate；Delima。**有毒部位** 根皮有毒。**中毒症狀** 安石榴根皮通常被拿來驅除蛔蟲、條蟲等，但是如果服用過量，將造成中毒，其症狀輕者有腹痛、噁心、嘔吐、下痢等，嚴重者則有肌肉無力、瞳孔放大、視覺模糊、頭痛頭暈、虛弱、呼吸麻痹等，甚至有死亡的先例。**分布** 臺灣各地普遍栽培。**用途** ①觀賞。②樹皮可驅蟲，果皮可當收斂劑。③假種皮可食用。

臺灣烏頭 *Aconitum bartletii bartletii.*

屬於毛茛科，烏頭屬。多年生草本，塊根紡錘形，長約 6 公分，粗約公分，棕色，莖多少有彎曲現象，高 17～35 公分，上半部有分枝；莖生葉有長柄，並有膜質葉鞘，掌狀分裂，長約 6 公分，寬約 7 公分，基部心形，兩面有毛；夏季開花，單生或爲總狀花序，花冠藍紫色，長 2～2.5 公分，兩側對稱，基部有蜜腺；雄蕊多數，花絲有毛，心皮 3～5 枚，蓇葖果長橢圓形。**別稱**　臺灣附子、巴氏附子、巴氏草屋等。**英名**　Taiwan aconite；Taiwan monkshood。**有毒部位**　塊根。**中毒症狀**　誤食多量塊根，有惡心、嘔吐、腹瀉、頭昏、全身發麻、呼吸困難等症狀。**分布**　中央山脈高地零星分布。**用途**　塊根可治關節酸痛、半身不遂，並可做强心劑、解熱劑等。

飛ㄈㄟ燕ㄧㄢˋ草ㄘㄠˇ　*Consolida ambigua*(L.)Ball *et* Heywood

屬於毛茛科，飛燕草屬。一年生草本。莖直立，高 50～90 公分，自基部以上分枝。莖下部葉有長柄，掌狀三裂再作細裂狀，中部以上具短柄或無柄；葉片長約 3 公分，小裂片線形。總狀花序生於各分枝頂端；花被紫色、粉紅色或白色，距細尖，長約 1 公分餘，蓇葖果長約 2 公分，成熟後自動開裂，種子長約 2 公厘。**別稱**　彩雀花、千鳥草等。**英名**　Larkspur。**有毒部位**　全草有毒，種子的毒性最大。**中毒症狀**　家畜大量誤食後，會出現步態不穩，無法行進，脈搏變慢，呼吸微弱、體溫下降等症狀，嚴重時甚至有肌肉痙攣、運動失調、呼吸衰竭等情形。**分布**　歐洲原產，全省各地零星栽培。**用途**　①觀賞，盆栽或養成花壇均宜。②花枝為優良花材。

翠雀花　*Delphinium* × *cultorum* Voss *ex* Hegi

於毛茛科，翠雀屬。多年生草本。高60～170公分，分枝不多。莖葉和下部葉片均有長柄；輪廓圓五角形，長3～8公分，寬4～9公，3全裂，小裂片線形；葉柄長爲葉片的3～4倍。4～9月開花，狀花序有花8～20朵；花萼淡藍色，有細長的距，花瓣藍色、淡藍或白色；退化雄蕊藍色，瓣片近圓形或寬倒卵形。蓇葖果直立狀，約2公分許。**別稱**　鴿子花、百部草、雞爪蓮、翠雀等。**英名** ll larkspur。**有毒部位**　根。**中毒症狀**　家禽、家畜或幼兒誤食，下痢、虛脫、四肢無力、呼吸困難等症狀。**分布**　原種產於溫帶地，此雜交種在臺灣高冷地有零星栽培。**用途**　觀賞。

石ㄕˊ龍ㄌㄨㄥˊ芮ㄖㄨㄟˋ *Ranunculus sceleratus* L

屬於毛茛科，毛茛屬。一至二年生草本，鬚根多數，於污泥中羣生，莖高約 20～60 公分；根生葉及莖下方之葉片有柄，腎形或近於圓形，3～5 裂，中央之裂片常再作 3 分裂，其餘之裂大抵只作二分裂，莖上方之葉片近於無柄，單葉或 3 裂。春季開花，花徑約 0.6～0.8 公分，花萼略反卷，花瓣黃色，多數心皮排列成橢圓球狀。小瘦果多數集生，廣倒卵形。**別稱** 地椹、天豆、魯果能、水堇、胡椒菜、田ㄅ、田椒等。**英名** Cursed crowfoot。**有毒部位** 全株。**中毒症狀** 誤食引起胃痛、食慾喪失、腹部絞痛、腹瀉及心跳減慢等。**分布** 全省各地潮濕之田畔、水溝邊等地。**用途** 全株入藥，可治風寒濕痹、心腹邪氣等，鮮草搗敷，可治瘡毒及蛇蟲咬傷。

小ㄒㄧㄠˇ毛ㄇㄠˊ茛ㄍㄣˋ　*Ranunculus ternatus* Thunb.

屬於毛茛科，毛茛屬。一年生草本。高 5～30 公分，多分枝。根膨大卵球形或紡錘形；根生葉有長柄，長 5～8 公分；葉片形狀多變，單葉三裂葉 或三出複葉，寬卵形至圓腎形，長 1～2 公分，寬 0.5～2.5 公分，小葉三淺裂至三深裂或多次細裂。莖生葉無柄，葉片較小。3～4 月開花，花單生於各分枝頂梢，徑約 1.2～1.5 公分；花瓣黃色或後變白色。雄蕊多數，小堅果聚生成頭狀，末端有宿存花柱。**別名**　小金鳳花、小毛斳、貓爪草等。**英名**　Small buttercup。**有毒部位**　全草有毒，花的毒性最强。**中毒症狀**　人畜誤食，引起腸黏膜發炎，腹痛、下痢等。**分布**　產於日本及中國，臺灣以北部地區低海拔曠野較爲常見。**用途**　全草搗爛，可敷治腫毒等。

(小)枇杷的種子有毒

枇ㄆㄧˊ 杷ㄆㄚˊ

Eriobotrya japonica(Thunb.)Lind

屬於薔薇科，枇杷屬。常綠小喬木，高 5～10 公尺；小枝粗壯，密生淡褐色或灰棕色絨毛。葉互生，具短柄，披針形、倒披針形或披針狀長橢圓形，長 15～30 公分，寬 5～10 公分。11 月至翌年 1 月間開花，圓錐花序頂生，具銹色絨毛；花白色，徑約 1.2～1.5 公分，花瓣 5 片，雄蕊約 20 枚；梨果卵形、扁圓形或長圓形，黃色或橙黃色，徑約 3.5 公分，外被絨毛，內藏種子 1～5 顆。**別稱**　盧橘。**英名** Loquat。**有毒部位**　種子和幼葉有毒。**中毒症狀**　幼童吃種子 20 粒以上，會有頭昏、惡心、嘔吐、下痢、呼吸困難、肌肉痙攣等現象。**分布**　我國大陸原產，臺灣各地普遍栽培。**用途**　①果肉(花托)供食用。②葉煎汁飲，可治口乾、熱咳等，花可治頭風等。

梅 Prunus mume Sieb. et Zucc.

屬於薔薇科，櫻屬。落葉小喬木，高約4～9公尺。葉有柄，互生，卵形、倒卵形或廣橢圓形，先端銳尖，基部鈍形，細銳鋸齒緣，長4～10公分；冬季開花，花無梗，白色、粉紅或濃紅色，單立或雙出；萼5裂，瓣5片，雄蕊多數，雄蕊被有絨毛；核果球形，一側具淺溝，核具淺皺紋及凹點。**別稱** 梅仔、白梅、梅花等。**英名** Mume plant；Japanese apricot。**有毒部位** 未成熟果實及種子。**中毒症狀** 誤食種子或未熟果，引起惡心、嘔吐、頭痛、四肢無力、呼吸困難、昏迷等，嚴重時會因呼吸衰竭而死。。**分布** 中、南部丘陵地大量栽培。**用途** ①觀賞。②根、葉、花、果皆可入藥，可止渴、生津、驅蟲等。③梅果加工可製成各種零嘴，亦可釀酒。

臭ㄔㄡˋ節ㄐㄧㄝˊ草ㄘㄠˇ *Boenninghausenia albiflora* Reichenb

屬於芸香科，臭節草屬。多年生草本，高約 50～90 公分，全株有強烈氣味，基部木質。幼枝髓部很大，有時中空。二至三回羽狀複葉，小葉紙質，倒卵形或橢圓形，具透明腺點。夏至秋季開花，聚繖花序頂生；花兩性，花瓣白色。萼細小，深裂爲 4；花瓣 4，長橢圓形，雄蕊 7～8 枚，心皮 4 枚，子房具柄；成熟果的子房柄延長。蒴果，內藏種子數粒。**別稱**　野椒、蛇皮草、大退癀、松風草、臭蟲草等。**英名**　Stinking jointed herb。**有毒部位**　全草有毒。**中毒症狀**　人畜誤食莖葉，常導致昏眩、步態不穩、四肢無力、甚至癱瘓等症狀。**分布**　生長在低海拔荒野或樹蔭下濕潤處。**用途**　①當觀葉植物栽培。②葉加冰糖搗碎，可外敷止血、治創傷等。

垂ㄔㄨㄟˊ柳ㄌㄧㄡˇ *Salix babylonica* L.

屬於楊柳科，柳屬。落葉喬木，高 10～16 公尺；樹皮深灰色，具縱溝；小枝細長，柔軟而下垂。葉片線狀披針形或狹披針形，長 6～14 公分，寬 5～11 公厘，邊緣有細鋸齒。2～3 月開花，葇荑花序，雄花序長 2～4 公分，雌花序長約 2 公分，有 1 個腺體。蒴果，種子有毛。**別稱**　柳、垂楊柳、垂絲柳、清明柳、垂枝柳、倒掛柳等。**英名** Weeping willow。**有毒部位**　葉、皮有毒。**中毒症狀**　誤食後引起冒汗、口渴、嘔吐、血管擴張、耳鳴、視覺模糊，嚴重時呼吸困難、昏睡終日、喪失知覺、呼吸深而慢、脈搏則變快等症狀。**分布**　我國原產，臺灣各地普遍栽培。**用途**　①為優良之行道園景樹。②莖皮煎水服用，可治風濕骨痛，並有解熱效果。

番ㄈㄢ 茉ㄇㄛˋ 莉ㄌㄧˋ

Brunfelsia uniflora(Pohl)D. Do

屬於美人襟科，番茉莉屬。常綠性灌木，高 80～220 公分。葉互生長橢圓形或倒卵形，兩端均銳，全緣，長 4～6 公分，寬 1.2～2 公分，4～8 月開花，花冠漏斗形，芳香，冠筒細長，單生於枝或葉腋萼鐘狀，花冠初開時藍紫色，後變爲白色，冠喉則爲淡黃色；雄蕊枚，二強，子房 2 室，柱頭 2 裂；蒴果革質，熟時不易開裂。**別稱** 變色茉莉、番素馨、紫夜香花、夜香茉莉等。**英名** Manaca rain tree。**有毒部位** 根皮及莖葉有毒。**中毒症狀** 家畜誤食莖葉過量將導致四肢無力、流口水、心律不整、顫抖、呼吸變慢等症狀。**分布** 原產巴西，全省各地普遍栽培。**用途** ①觀賞。盆栽或園植均佳。②根可解熱、治梅毒等。

(小)倒地鈴的種子。

倒ㄉㄠˋ地ㄉㄧˋ鈴ㄌㄧㄥˊ

Cardiospermum halicabum L. var. *microcarpum*(HBK.)Bl.

屬於無患子科，風船葛屬。多年生蔓性草本，莖細長，可達數公尺，分枝甚多。葉有柄，互生，二回三出複葉，小葉具有銳鋸齒；花腋生，聚繖花序，花梗甚長，近花的地方有 2 枚對生之卷鬚；花萼 4 片，外側 2 片較小，花瓣 4 片，大小不同，白色；雄蕊 8 枚，花柱甚短，3 裂，子房 3 室。蒴果倒卵形，具三稜角，頂端平截，整個膨脹如氣囊。**別稱** 風船葛、假苦瓜、燈籠朴、白花仔草等。**英名** Balloon vine。**有毒部位** 葉及種子。**中毒症狀** 誤食之後有腹痛、腹瀉症狀，並可能產生癲癇狀的痙攣。**分布** 全省平野、山邊、路旁、牆角等地。**用途** 全草入藥，能涼血、消瘡毒、治蛇傷，也能催吐、緩瀉、健胃、利尿，治神經痛、結石、風濕等。

三ㄙㄢ 白ㄅㄞˊ 草ㄘㄠˇ

Saururus chinensis(Lour.)Bail.

屬於三白草科，三白草屬。多年生草本，地下莖白色，橫臥泥中；地上莖高約 60～100 公分，上有縱稜數條。葉互生，平滑，長橢圓形，全緣，葉柄基部呈鞘狀，葉尖銳形，葉基心形；葉身長 9～15 公分，寬 6～8 公分。夏季開花，穗狀花序頂生，花序旁有 2～3 片黃白色葉子，此爲其特徵。小花多數，淡黃色，不具花被，雄蕊 6 枚，，心皮 3～5 枚；果實近於球形。**別稱**　小荖葉、小荖根、水荖根、塘邊草、片白草等。**英名**　Lizard's-tail。**有毒部位**　全株有毒。**中毒症狀**　人畜誤食新鮮莖葉，常造成頭痛、頭暈、腸胃發炎，並有嘔吐、瀉痢等現象。**分布**　全省低海拔之潮溼地或溝渠邊。**用途**　①根爲利尿劑，也可治療腫毒及脚氣病等。②可栽培供觀賞。

毛ㄇㄠˊ地ㄉㄧˋ黃ㄏㄨㄤˊ *Digitalis purpurea* L.

屬於玄參科，毛地黃屬。多年生草本，莖高 90～160 公分，直立而不分枝。葉卵狀長橢圓形，莖下部之葉具葉柄，上部之葉無柄或具短柄，葉緣有鋸齒，葉面皺縮。4～7 月開花，長總狀花序或近似穗狀花序，由下向上依序開放。花萼 5 裂，花冠紅紫或白色，有濃色之斑點，長鐘形，雄蕊二強，蒴果具宿存萼，種子小而多。**別稱**　洋地黃、毒藥草等。**英名**　Foxglove；Digitalis。**有毒部位**　全株。**中毒症狀**　誤食多量莖葉，引起胃部不適，並有腹瀉、頭痛、心跳不規則、睏倦、發抖、抽筋等現象。**分布**　歐洲原產，臺灣各地零星栽培，阿里山、太平山、清境農場、環山、南橫天池等地有大量歸化。**用途**　①觀賞。②葉可爲强心利尿藥。

夜ㄧㄝˋ香ㄒㄧㄤ木ㄇㄨˋ *Cestrum nocturnum* L.

屬於茄科，夜香木屬。常綠性灌木，株高達 2 公尺以上，分枝多而柔軟。葉互生，披針狀長橢圓形，紙質，長 8～18 公分，寬 2.5～5 公分，全緣。3～11 月開花，總狀花序近繖房狀排列，腋出或頂生，花色黃綠或綠白，細筒形而先端 5 裂，香氣極濃。漿果小形，內藏種子一至數粒。**別稱**　木本夜來香、夜丁香、夜香花、夜香玉、洋素馨等。**英名**　Night-blooming jessamine。**有毒部位**　莖葉及花。**中毒症狀**　家畜誤食莖葉或花枝，出現心跳加快、體溫升高、肌肉痙攣、胃腸發炎、脾腎充血等症狀，嚴重者昏迷、死亡。有些人吸入其花香後，產生呼吸困難、頭痛、惡心、暈眩、猛打噴嚏等病症。**分布**　全省各地普遍栽培。**用途**　觀賞，適合種在牆邊或養成綠籬。

马陀^{ㄊㄨㄛˊ}羅^{ㄌㄨㄛˊ}

Datura metel L.

於茄科，曼陀羅屬。一年生草本，高約 70～150 公分；葉卵形，長20 公分，寬約 10 公分，全緣或有缺刻狀鋸齒。夜晚開花，花冠白，漏斗形，長約 10～15 公分，先端具有 5 尖突；雄蕊 5 枚，子房，柱頭線形；蒴果近於球形，外被短刺，成熟後不規則開裂，種多數。**別稱**　白花曼陀羅、南洋金花、山茄子、鳳茄花、鬧洋花、茄花等。**英名**　Jimson；Downy thorn apple；Horn-of-plenty。**毒部位**　全株有毒，種子和花毒性最强。**中毒症狀**　誤食後口乾舌、吞嚥困難、興奮、產生幻覺、昏昏欲睡、體溫升高但手腳發冷、肉麻痹等。**分布**　中南部曠野及濱海地區，各離島上也有。**用途**　可麻醉止痛、鎮靜和催眠；葉可治風濕痛；種子能行血、祛風等。

紅花曼陀羅 *Datura sanguinea* Ruiz *et* P

屬於茄科，曼陀羅屬。常綠性大灌木，高2～4公尺，小枝灰白色
葉具長柄，互生，卵狀長橢圓形，全緣，長15～28公分，寬6～
公分；花期不定，單生花，腋出，下垂性；花萼筒狀，先端5裂，
冠喇叭狀，粉紅或淡橙紅色，長15～30公分；雄蕊5枚，子房2
；蒴果圓筒狀錐形，但結果率不高。**別稱**　紅打破碗花。**英**
Red-flower datura。**有毒部位**　全株有毒，花與種子毒性最強。
毒症狀　誤食後口部乾燥而有灼熱感、吞嚥困難、興奮、瞳孔放大
產生幻覺、昏昏欲睡、體溫升高、肌肉麻痺、呼吸系統麻痺等，數
後方能復原。**分布**　秘魯原產，臺灣各地零星栽培，低至中海拔山
皆有種植。**用途**　四季花開不斷，頗具觀賞價值。

ㄌㄚˋ花ㄏㄨㄚ 曼ㄇㄢˋ 陀ㄊㄨㄛˊ 羅ㄌㄨㄛˊ

Datura suaveolens Humb. *et* Bonpl. *ex* Wild

於茄科，曼陀羅屬。常綠性大灌木，高達5公尺許，小枝灰白色；具長柄，互生，卵狀長橢圓形，全緣；花單立，腋出，下垂性；花壺狀筒形，先端5裂，花冠喇叭形，雪白；雄蕊5枚，子房2室，果圓筒狀錐形。**別稱** 白花曼陀羅。**英名** Night-blooming；Jessnine。**有毒部位** 全株有毒，尤其是種子和花。**中毒症狀** 誤食瞳孔放大、口部乾燥且有灼熱感、吞嚥困難、興奮、產生幻覺，接昏昏欲睡、體溫升高，但手腳發冷、肌肉麻痹、呼吸系統麻痹等。**布** 全島海拔1800公尺以下之地區，本爲引進之觀賞花木，但目除了在各地庭園栽植外，陽明山、溪頭及谷關附近，已有歸化的個。**用途** ①觀賞。②小量莖葉可當麻醉、止痛、鎮咳藥。

煙ㄧㄢ 草ㄘㄠˇ *Nicotiana tabacum*

屬於茄科，煙草屬。一年生草本，莖高 90～200 公分；全體生有腺
。葉互生，葉片長卵狀披針形或橢圓狀披針形，長 15～50 公分，
8～25 公分。秋季開花，爲頂生圓錐花序；花萼圓筒狀，花冠漏斗
，淡紅色。蒴果卵形或長圓形，種子多數。**別稱** 煙葉、烟草、菸
等。**英名** Tobacco。**有毒部位** 全株有毒，葉毒性最强，其次是
、根、花，種子最弱。**中毒症狀** 人畜誤食引起急性中毒，有出血
胃腸炎、嘔吐、腹痛、腹瀉、瞳孔放大、循環及呼吸系統功能障礙
肋膜及腹膜出血、呼吸麻痹等，嚴重時死亡。**分布** 南美原產，臺
各地有計畫性栽培。**用途** ①葉片供製造香煙。②葉片所含之生物
，可製成農用殺蟲劑，也可製成軟膏，供治療皮膚病。

金ㄐㄧㄣ 盃ㄅㄟ 藤ㄊㄥˊ *Solandra nitida* Zucc.

屬於茄科，金盃藤屬。常綠蔓性灌木，葉片互生，長橢圓形，側脈5對，兩面皆爲濃綠色；春、夏季開花，單頂花序，花冠大型，杯狀，淡黃色，開在各分枝末梢；花萼5裂，雄蕊5枚，自花冠筒伸出，花冠5淺裂，裂片向外卷曲，每一裂片中央有一條紫褐色條紋延伸至冠喉；子房2室，漿果球形，由宿存萼所包被。**別稱**　金盃花。**英名** Chalice vine。**有毒部位**　除果實之外，全株有毒。**中毒症狀**　誤食花朵或枝葉，造成瞳孔放大、手腳浮腫、產生幻覺和盲目地運動；有時會步履不穩、手腳麻木等。**分布**　原產中美洲，臺灣各地零星栽植。**用途**　①蔓性甚强，爲優良的蔭棚、綠廊植物。②花具香氣，也可當香花植物栽培。

刺ㄘˋ茄ㄑㄧㄝˊ *Solanum aculeatissimum* Jacq.

屬於茄科，茄屬。多年生草本，高約30～80公分，莖葉具銳刺，全體並被有軟毛；葉互生，有長柄，5～7裂；春至秋季開花，花序聚繖狀，腋出，花冠白色或淡藍紫色，數朵密集；花萼鐘形，5裂，被有尖刺；花冠輪形，雄蕊花絲甚短；果實球形，光滑無比，徑約2～3公分，成熟時橙紅色，內藏多數種子。**別稱**　金銀茄、爬山虎、小鬧羊花、紅水茄、小癲茄、癲茄、牛茄子等。**英名**　Gold silver nightshade。**有毒部位**　全株有毒，未熟果毒性最强。**中毒症狀**　誤食果實引起中樞神經系統的興奮，有口乾、吞嚥困難、聲音嘶啞、皮膚乾燥、發熱、血壓升高、頭痛、頭暈、肌肉抽搐等症狀。**分布**　全省平野及荒地。**用途**　①果枝可當花材。②根爲解熱、袪痰、利尿藥。

白英 *Solanum lyratum* Thunb.

屬於茄科，茄屬。多年生草質藤本，全株被有軟毛。葉互生，提琴形，卵形至卵狀長橢圓形，先端銳，基部心形，並常具 2 個裂片，長 3～8 公分，寬 2～4 公分。夏秋開花，二歧聚繖花序，頂生或腋外生。萼 5 裂，杯狀，裂片基部有紫色斑點，花冠藍紫色或白色。漿果球形，徑約 0.8 公分。**別稱**　紐子黃、柳子黃、白毛藤、蔓茄、北風藤、山甜菜等。**英名**　Violin-leaf poison berry。**有毒部位**　全株有毒，果實毒性較強。**中毒症狀**　人畜誤食，有血便、腹瀉、體溫升高、呼吸急迫、心律不整、虛弱等症狀，嚴重者致死。**分布**　產於亞洲東部的熱帶地區，臺灣低海拔山區十分常見。**用途**　①全草煎水服用，治子宮癌或其他癌症，據說效果不錯。②種子可治眼病。

龍ㄌㄨㄥˊ葵ㄎㄨㄟˊ

Solanum nigrum L.

屬於茄科，茄屬。一年生草本，高 50～100 公分；莖直立，多分枝。葉卵形，互生，有柄，全緣或有不規則的波狀粗齒。四季開花，花序短繖形，腋外生，由 5～10 朵花組成；花冠白色，5 裂，雄蕊 5 枚，漿果球形，熟時黑色，種子多數。**別稱**　烏仔菜、苦葵、天茄子、水茄、牛醉漿、天泡草等。**英名**　Black nightshade。**有毒部位**　生鮮植物體及未成熟的果實。**中毒症狀**　瞳孔放大、頭暈、惡心、口乾舌燥、喪失知覺與說話能力；急性者引起痙攣及致命的呼吸系統麻痹、腹部抽筋、嘔吐、腹瀉等症狀。**分布**　全省低海拔荒野、路旁、耕地邊乃至屋頂上均有其蹤跡，極爲常見。**用途**　①嫩莖葉煮食，味道不惡。②莖葉有解熱、利尿、解毒之效，也可外敷腫毒及跌打損傷等。

玉ㄩ珊ㄕㄢ瑚ㄏㄨˊ *Solanum pseudo-capsicum* L.

屬於茄科，茄屬。常綠小灌木，高約 30～150 公分，分枝多，葉狹卵形或披針形，濃綠色，先端鋭形，基部狹長鍥形。4～7 月開花，花常單生，腋外生或近對葉生；花白色。漿果成熟後橙紅色，直徑 1～1.5 公分，春至秋季皆有紅果點綴枝頭。別稱　珊瑚豆、紅珊瑚、珊瑚櫻、野辣茄、野海椒、耶路撒冷櫻桃等。英名　Jerusalem cherry。有毒部位　全株有毒。中毒症狀　幼兒誤食紅果，導致惡心、腹痛、腹瀉、昏睡、瞳孔放大、心跳減慢、血壓下降等病狀，嚴重時，恐有致死之虞。分布　巴西原產，全省平地至低海拔山區普遍栽植，部分山區或荒地甚且有歸化現象。用途　①為優良之觀果植物，適合盆栽。②果枝可當花材。

懸ㄒㄩㄢˊ星ㄒㄧㄥ花ㄏㄨㄚ *Solanum seaforthianum* Andr.

屬於茄科，茄屬。常綠蔓性藤本，莖纖細，長達 6 公分餘，光滑無毛；葉長 10～22 公分，薄紙質，奇數羽狀複葉，小葉 3～9 枚，通常大小不等；有時葉片只作不整齊之羽裂，而非複葉狀。夏至秋季開花，花序圓錐狀，腋出，下垂性，花冠藍紫色，星形，徑約 2 公分餘；果實球形，徑約 0.7 公分，成熟時深紅色。**別稱**　巴西蔓茄。**英名**　Brazilian nightshade。**有毒部位**　全株有毒，果實毒性最強。**中毒症狀**　在澳洲有小孩、家畜、兔子、山羊等，因誤食果食而腹痛、下痢、全身柔軟無力等報導；也有袋鼠因誤食幼苗而導致死亡。**分布**　原產巴西，世界各地普遍栽植，臺灣有零星栽培，墾丁公園內並有歸化的個體。**用途**　觀賞，盆栽或棚植均十分理想。

(小)馬鈴薯發芽了。

馬鈴薯 *Solanum tuberosum* L.

屬於茄科，茄屬。多年生草本；地下莖塊狀、扁球狀或矩圓狀，全株有微毛。單數羽狀複葉，小葉常大小相間，大者長約6公分，小者不到1公分；夏至秋季開花，繖房花序頂生或側生；花冠輪形，白色或淡紫色，雄蕊5枚；漿果圓形。**別稱** 洋芋、荷蘭薯等。**英名** Potato；Irish potato。**有毒部位** 全株有毒，未成熟或發芽的塊莖和果毒性最強。**中毒症狀** 咽喉有燒灼感，繼則頭昏眼花、惡心、腹痛、腹瀉、全身無力、耳鳴、體溫升高、瞳孔放大、脈搏變弱、呼吸麻痹，嚴重時死亡。家畜中毒後體溫上升、結膜充血、下痢、胃腸發炎、全身腫脹等，亦有死亡情形。**分布** 各地零星栽培。**用途** ①成熟塊莖可食。②新芽搗爛，可敷治皮膚病。

百部 Stemona tuberosa Lour.

屬於百部科，百部屬。蔓性多年生草本，塊根圓筒形；莖基部木質化，上部攀緣狀。葉膜質，對生或互生，廣卵狀心形，先端銳尖，主脈9～10條。5～6月開花，花梗腋出，長6～8公分，二叉狀；花直立，花被披針形，長尾狀銳尖，淡綠色而有多數紫色脈紋，雄蕊4枚，蒴果扁卵形，熟時兩瓣裂，種子有尖嘴。別稱　大百部、對葉百部、山百部、九重根、藥風草等。英名　Stemona。有毒部位　塊根有毒。中毒症狀　人服用過量，引起惡心、嘔吐、頭暈、四肢無力，呼吸困難乃至呼吸中樞麻痺等症狀。分布　產中國及印度，臺灣見於海拔800～1500公尺之闊葉樹林中。用途　①可栽培爲蔭棚植物。②塊根有溫肺、止咳之功，亦可用來驅除蛔蟲、蟯蟲。

山ㄕㄢ 芝ㄓ 麻ㄇㄚˊ *Helicteres angutifolia* L.

屬於梧桐科，山芝麻屬。小灌木，高約 1 公尺；小枝被短柔毛。葉互生，狹長橢圓形，葉柄背面有灰白色星狀毛。花序聚繖狀，花二至數朵，花梗短；萼筒狀，5 裂；花瓣 5 枚，不等大，淡紫色，基部有 2 個附屬體；雄蕊 10 枚，5 枚退化；子房 5 室，有毛，花柱細長，蒴果卵狀長圓形，密被星狀柔毛。**別稱**　野芝麻、假芝蔴、山野麻、崗脂麻、苦麻等。**英名**　Narrow-leaved screw tree。**有毒部位**　根、莖、葉和果實有毒。**中毒症狀**　人畜誤食後有頭痛、腹痛、下痢、惡心、嘔吐、多汗、四肢麻木等症狀。**分布**　廣泛分布於熱帶至亞熱帶地區，全省低海拔山野均可見及，馬祖也有。**用途**　①根可敷瘡去毒、止血生肌，還可治喉痛等。②莖及枝爲涼茶原料，有清熱解毒效果。

芫ㄩㄢˊ花ㄏㄨㄚ　*Daphne genkwa* Sieb. *et* Zucc.

屬於瑞香科，瑞香屬。落葉小灌木，高約 50～110 公分，嫩枝、嫩葉及花序均密生軟毛。葉具短柄，對生，橢圓形或倒披針形，先端銳，基部鈍或銳。花近於無梗，3～7 朵簇生於枝頂而成頭狀，無芳香；花被盆形，淡紫色，先端 4 裂，裂片卵狀橢圓形，外被絹狀短毛，花被筒長約 9 公厘；雄蕊 8 枚，分成上下 2 列，著生於花被筒之上部，花絲極短；子房狹長橢圓形，有毛；果實爲核果。**別稱**　魚毒、頭痛花、藥魚草、悶頭花、老鼠花等。**英名**　Lilac daphne。**有毒部位**　全株有毒，花蕾及根部毒性最强。**中毒症狀**　誤食引起劇烈的腹痛和腹瀉，並有四肢無力的感覺。**分布**　全省平地及低海拔山麓。**用途**　①花蕾供藥用，有治水腫及祛痰之效。②可栽培供觀賞。

南嶺蕘花 *Wikstroemia indica* C. A. Mey.

屬於瑞香科，蕘花屬。常綠小灌木，高約 80～150 公分，全株光滑無毛。葉對生，薄革質，倒卵形至長橢圓形，春末至夏季開花，繖形或繖房花序頂生，花被筒形，黃綠色，先端 4 裂，雄蕊 8 枚，子房橢圓形；核果漿質，成熟時鮮紅色。**別稱**　了哥王、地棉根、指皮麻、雞仔麻、埔崙、九信藥等。**英名**　Indian wikstroemia。**有毒部位**　根皮、莖、葉和果實。**中毒症狀**　人畜誤食莖葉會有頭痛、頭暈、腹痛、腹瀉等症狀；誤食種子，甚至有喪命之虞。**分布**　全省低海拔山區及海濱，中、南部較爲常見。**用途**　①枝葉之黏液可當造紙糊料。②根可治跌打、關節炎、結核病、百日咳等；葉片搗敷，可治腫毒及皮膚病。

（下）黃麻的果實。

黃ㄏㄨㄤˊ麻ㄇㄚˊ *Corchorus capsularis* L.

屬於田麻科，黃麻屬。一年生亞灌木，全株光滑，高約 1～3 公尺，分枝多，莖常爲紫褐色。葉膜質，長橢圓形或卵狀披針形，長 4～14 公分，寬 1～6 公分，邊緣有鋸齒，葉基通常有二細長尾。夏季開花，花序聚繖狀，腋出，花梗甚短；花瓣 5 片，黃色，雄蕊多數，子房倒圓錐形；蒴果球狀倒卵形，有縱稜和疣狀突起，成熟後 5 瓣裂，種子多數。**別稱**　絡麻、紫麻。**英名**　Jute。**有毒部位**　種子。**中毒症狀**　人畜誤食，導致昏睡、惡心、嘔吐等；嚴重時呼吸困難、腹部腫脹、下瀉、痂痛、抽搐等，甚至死亡。**分布**　廣泛分布於熱帶地區，臺灣各地普遍栽培，並有歸化情形。**用途**　①莖皮纖維可製繩索及織布等。②葉爲治血病良藥，可療婦人血崩等。

臺ㄊㄞˊ灣ㄨㄢ 蠍ㄒㄧㄝ 子˙ㄗ 草ㄘㄠˇ *Girardinia formosana* Hay.

屬於蕁麻科，蠍子草屬。多年生草本，莖具有縱溝；全株散生焮毛；葉具長柄，有托葉，互生，葉片菱狀卵形，長 11～25 公分，寬 11～23 公分，常作 3 裂狀，頂端裂片長橢圓狀卵形，側裂片披針形，基部圓鈍，膜質，葉緣有粗鋸齒，上下表皮均密生細毛。花雌雄異株，圓錐花序緊縮如穗狀，形如綠色之毛蟲。雄花花被 4 裂，雄蕊 4～5 枚；雌花花被頗富變異，子房卵狀披針形。瘦果卵形或近於圓形，一側扁壓狀。**別稱**　蠍子草。**英名**　Stinging nettle。**有毒部位**　全株各部位之焮毛。**中毒症狀**　皮膚碰觸焮毛後，有蜂螫之刺痛或灼痛感，其恢復所需時間因人而異，但至少需 2 小時以上。**分布**　全省低至中海拔潮溼森林下，常呈散生狀態。

(下)咬人狗的花托呈半透明狀。

咬ㄧㄠˇ人ㄖㄣˊ狗ㄍㄡˇ *Laportea pterostigma* Wedd.

屬於蕁麻科，咬人狗屬。常綠喬木，小枝粗壯，幼嫩部分及花序被有白色柔毛；葉具長柄，叢生枝端，膜質，橢圓形或卵形，全緣或邊緣爲波狀，長 16～30 公分，葉面布有焮毛，觸之刺痛。花雌雄異株，聚繖狀圓錐花序腋出；雄花花被 4～5 裂，雄蕊 4～5 枚；雌花之花托爲肉質，白色，半透明，其先端附有瘦果 6 顆；瘦果扁球形，徑約 2～3 公厘。**英名**　Poisonous wood nettle。**有毒部位**　葉面上之焮毛。**中毒症狀**　皮膚觸及焮毛，會有灼痛感，有如被細尖刺刺傷一般，其持續時間因人而異，快者 2～3 小時可癒，慢者疼痛時間常超過 24 小時。**分布**　本省中、南部之海岸、溪岸及山麓叢林內。**用途**　①木材富含水分，極爲柔軟，可製魚網和浮苓。②花托味甘可食。

咬人貓　*Urtica thunbergiana* Sieb. & Zucc.

屬於蕁麻科，蕁麻屬。多年生草本，高約 70～120 公分；莖直立，疏分枝，與莖均散生焮毛。葉對生，有長柄，廣卵形至卵形，先端銳，基部心形，長 5～15 公分，寬 4～10 公分，薄紙質，邊緣有雙重鋸齒。托葉 4 枚，廣卵形；夏秋季開花，雌雄同株，穗狀花序腋出或頂生。雄花位於花序下部，綠白色，花被 4 裂，雄蕊 4 枚；雌花位於花序上部，花被亦作 4 裂，裂片不等大；瘦果扁卵形。**別稱**　蕁麻、刺草等。**英名**　Stinging nettle。**有毒部位**　全株各部位之焮毛。**中毒症狀**　皮膚觸及焮毛，有立即的刺痛或灼痛感，十分難受，大約要半日後才逐漸恢復。**分布**　全省低至中、高海拔山區，常成羣生於溼林下。**用途**　葉可敷治蛇傷，歐洲人則用以治糖尿病。

金ㄐㄧㄣ露ㄌㄨˋ花ㄏㄨㄚ *Duranta repens* L

屬於馬鞭草科，金露花屬。常綠性灌木，小枝柔軟而下垂，幼嫩的部分有毛；葉對生或叢生，全緣；春至秋季開花，總狀花序腋出或頂生，花萼5裂，有毛，花冠藍紫色或白色；雄蕊4枚，隱藏在花冠筒內側，花絲具有腺毛，柱頭頭狀；核果球形，徑約0.5公分，成熟後橙黃色，有宿存的花萼。**別稱**　小本苦林盤、臺灣連翹、苦林盤等。**英名**　Golden dewdrop。**有毒部位**　果實。**中毒症狀**　黃熟的果實極易被小孩誤食，造成腹痛、腹瀉、昏昏欲睡、發燒、痙攣等症狀。**分布**　南美洲原產，臺灣各地普遍栽培，部分山區且有歸化現象。**用途**　①觀賞，適合種成綠籬，也可培育成古樹盆景。②花可為興奮劑，但用法用量需經中醫師指示。

馬ㄇㄚˇ纓ㄧㄥ丹ㄉㄢ *Lantana camara* L. var. *aculeata*(L.)Moldenke

於馬鞭草科，馬纓丹屬。常綠半蔓性灌木，小枝四稜形，具有逆向銳刺，全株含刺激性異味。葉對生，廣卵形，鋸齒緣，兩面均被有硬毛；四季開花，頭狀花序作繖房狀排列；花托下部具線狀披針形苞片；花冠高腳狀盆形，有黃、白、橙黃、淡紅、紫紅、深紅等色；雄蕊 4 枚，二強；核果球形，成熟時紫黑色。**別稱**　五龍蘭、五梅、如意草、臭草、五彩花、五雷丹等。**英名**　Common lantana **有毒部位**　枝葉及未熟果有毒。**中毒症狀**　人畜誤食，造成慢性肝毒，有發燒、衰弱、嘔吐、腹瀉、步履不穩、呼吸急促、昏迷、黃等症狀。**分布**　全省低海拔山野及海邊大量繁生，並有普遍性栽培 **用途**　①觀賞。②根可解熱、敷治蛇傷及瘀腫等。

漢ㄏㄢˋ氏ㄕˋ山ㄕㄢ葡ㄆㄨˊ萄ㄊㄠˊ

Ampelopsis brevipedunculata v
hancei(Planch.)Rehd

屬於葡萄科，山葡萄屬。落葉性木質藤本，具有二叉狀卷鬚；葉三狀心形，常作3～5裂，葉背淡綠色；夏季開花，花序聚繖狀，與對生，花細小，黃綠色或淡綠色，花瓣5片，花盤直立，雄蕊5枚漿果球形，徑約0.8公分，最初呈綠白色，其後轉淡紫，最終變成藍色，表面生斑點，內有種子1～3粒。**別稱**　山葡萄、冷飯藤、葡萄、大本山葡萄等。**英名**　Porcelain ampelopsis。**有毒部位**　實有毒。**中毒症狀**　孩童誤食果實，常造成嘔吐、腹痛、腹瀉等症。**分布**　全島平地及低海拔山地，十分常見。**用途**　①採根煎汁，間用以治療眼疾。②可栽培供觀賞，尤以種成蔭棚最佳。③果實榨，可洗瘡毒。

絨葉閉鞘薑 *Costus malortieanus* H. Wendl.

於薑科，閉鞘薑屬。多年生草本，高約60～110公分，地下有發達根莖，形如生薑。葉片廣卵形、橢圓形或印狀披針形等，長10～公分，寬7～12公分，質厚而有絲絨般光澤，葉片兩面均密生細。夏季開花，花序頂生，作密集的穗狀排列，花黃色，唇瓣有鮮明紅色條紋；子房3室，蒴果。**別稱**　絨毛水蕉花、絨毛白石笋。**英** Spiral flag；Spiral ginger；Stepladder plant。**有毒部位**　新鮮莖。**中毒症狀**　嫩的根莖有時容易被當作生薑誤食，如食用過量，造成頭痛、頭暈、腹痛、腹瀉等症狀。**分布**　原產哥斯大黎加，民57年引進臺灣，目前各地均有零星栽培。**用途**　①葉及花均有觀價值。②根莖或可供藥用，但需進一步試驗研究。

(上)蒺藜的果實

蒺ㄐㄧˊ藜ㄌㄧˊ *Tribulus terrestris*

屬於蒺藜科，蒺藜屬。一年生草本，莖由根際分枝，伏臥地面而呈狀，長約1公尺，被絹狀柔毛；葉對生，偶數羽狀複葉；小葉4～對，具葉柄及小托葉，對生，長橢圓形，兩側不等大。5～11月間花，花冠黃色，5瓣，花朵單生於葉腋，萼5片，雄蕊10枚，柱頭裂；離果由5分果組成，各果瓣有棘刺一對。**別稱** 三腳虎、三腳、野菱角、七里丹、止行等。**英名** Puncture vine；Burnut。**有部位** 全株。**中毒症狀** 家畜誤食莖葉引起頭、耳腫脹、呼吸困難症狀。**分布** 新竹以南之沿海沙礫灘或空曠荒地間。**用途** ①爲緩性鎮痛藥，果實煎服，有催乳、淨血、强身之效。②可治腎臟病、帶等，亦可活血，通經。③爲優良之定砂植物。

貳、附錄

一、有毒植物是什麼？

有毒植物並不是一個專有名詞，它只是泛指對人類或家畜等能造成種種傷害的植物。至於要傷害到什麼程度，其認定標準也因人而異；所有有毒植物的總數，不僅因人的認定而有不同，也會因科學知識的發展而有所增減。現今對有毒植物較合理的定義應該是：具有中毒實例，或者經由實驗證明可能因飲食、接觸或其他方式而造成人類、家畜或其他高等動物（脊椎動物）的死亡，或某些組織、器官等暫時性乃至長期性傷害的植物。

植物界包含了細菌、藻類、地衣、真菌、苔蘚、蕨類、裸子和被子植物。許多細菌會產生毒素，少數藻類在密集繁殖的情況下，也會產生劇毒物質，這兩類低等植物一般都不在「有毒植物」的討論之列。而本書所討論的範圍，只限於維管束植物，即蕨類、裸子和被子植物。

全世界的高等植物約有 30 萬種，科學家估計其中的數千種是有毒的，但詳細數字仍無人能做出統計。雖然美國的 Gadd，L. 先生在 1980 年曾統計了世界各地的有毒植物計有 118 科，866 屬，1938 種，但此數據仍然只是粗估的所得而已，因爲其中屬於中國出產的僅收錄了 51 種，顯然是偏低的數字。

二、爲什麼對人畜有毒？

有毒植物何以在人畜碰觸或誤食之後產生毒害作用，必然是由於其體內有毒成分的作祟，所造成的結果。但有毒成分究竟爲何物，據分析，應可大致歸納爲下述 11 類：

⑴植物鹼

例如煙草含有衆所周知的尼古丁；大花曼陀羅、紅花曼陀羅等含有莨菪鹼、阿托品及東莨菪鹼；半邊蓮含山梗菜鹼；石松含石松鹼；野百合含豬屎豆鹼等。

⑵配醣體（甙）

如夾竹桃含多種強心甙；毛地黃含洋地黃毒甙；南燭、臺灣馬醉木及許多杜鵑花科植物均含羊躑躅毒甙；龍葵、白英、馬鈴薯新芽等均含龍葵甙；蘇鐵的種子含蘇鐵甙等。

⑶氫氰酸

如青梅、枇杷種子、南天竹、亞麻、假大青藍（野青樹）等均含有之。

⑷毒蛋白

如雞母珠種子、蓖麻種子、巴豆種子等均含有之。

⑸酚類化合物

如漆樹、臺東漆、野漆樹、腰果乃至芒果等，均含此類有毒物質。

⑹苦味素及酮類化合物

如魚藤、毛魚藤、蕗藤含魚藤酮；甜瓜含甜瓜苦毒素；楝樹含苦味楝皮素等。

⑺皂甙

如桔梗根部含桔梗皂素；商陸、洋商陸及薯蕷科植物等亦均有之。

⑻辛辣味物質

如辣椒、胡椒等均含有之，對眼睛及喉部有毒害作用。

⑼草酸及蟻酸等酸性物質

如咬人貓及咬人狗含蟻酸；菠菜及酸模含草酸等。

⑽揮發性油

如大蒜、洋蔥、樟樹、馬纓丹等均有之，對眼睛、消化等有毒害作用。

⑾脂類化合物

如大戟類均含佛皮醇酯、大戟醇脂等，對皮膚及消化系有毒害作用。

三、有毒成分的變化

有毒植物體內的各種含毒物質，其濃度常因下列因素而改變：

⑴生長

曼陀羅的有毒生物鹼在夏季開花時達到最高量；多種木本有毒植物的有毒物質以細胞活力旺盛的部份濃度最高；罌粟、虞美人等的嗎啡毒質，也在開花至幼果期時含量最大；高粱莖葉的氫氰酸毒質，往往因生長季節、土壤因素等而有不同；但毛茛屬、茄屬等植物，其毒質則與植物體之成熟度成正比。

⑵產地

同一種有毒植物常因產地不同而有相異的毒性，例如產在歐洲的罌粟，其鴉片鹼的含量很低；但是生長在小亞細亞、埃及和中國的個體，鴉片鹼含量就高得多。生長在印度一帶的大麻，其毒性甚强，而產於其他地方者，則毒性較弱。魚藤的魚藤酮含量，會隨著生長地海拔高度的遞增而遞減。羽扇豆的某些品種其毒性則會隨著土壤成分的不同而改變。

⑶栽植

野生的烏頭屬植物，其根部毒性甚强，但如加以栽培，則毒性將逐漸減弱；某些有毒的豆類，野生者的毒性最强，栽種後毒性則大爲降低；但衆所周知的煙草，其有毒生物鹼含量卻不會因栽培而有所改變。

⑷日照

茄科植物的某些種類，其多種有毒生物鹼和配醣體，須在充足的日照下，才會累積成大量；但是相對的，某些蘭科植物的有毒成分，卻必須在蔭蔽的環境下，才能大量形成。

⑸植物體各部位

有毒成分在植物體各部位中的含量並不一定相同，如雞母珠莖葉幾乎無毒，但種子的毒性卻極强；毛地黃和煙草的葉部毒性甚大，但其他部位則甚小。

四、有毒植物在何方？

也許有很多人認爲，有毒植物應該都生長在荒山野外，平常我們不太容易碰到；而穀物、蔬菜、水果、藥草及觀賞用的庭園花木則只對人類有益，絕不會造成毒害作用。這個觀念應該是不正確的。有毒植物生長在任何它們可以活下去的地方，不論該等場所是否有人類或其他動物活動；因此庭園、路旁、郊區、淺山、海邊及高山地區都有含毒植物的蹤影，即連吾人家居所在的室內、客廳等處所，所擺置的植物都可能是有毒的，因而萬萬不可掉以輕心。

蔬菜中發芽的馬鈴薯和未成熟的蠶豆都帶有毒性，切莫誤食；高粱、玉米、小麥等糧食作物，其幼苗期莖葉常含氫氰酸，家畜嚼食便可能中毒。水果中的枇杷、蘋果、櫻桃、梅、李、梨等薔薇科植物，其種仁、花芽或樹皮等也含有毒性，若食用果肉後，還意猶未盡，連種子也一起咬碎吞下去，就會有麻煩的。

藥物和毒物有時很難區分，如砒霜和蛇毒在極低劑量下是藥物，但過量即成劇毒。因此，有毒植物和藥用植物也很難區分，故在使用的藥方及劑量上，一定要經由醫師或有相當經驗者的指示，切忌自行採集服用。

公園、校園、自宅庭園及室內、市區道路旁以迄於任何人類活動頻繁的場所，許多觀賞用的花木也都帶有毒性，有的會因碰觸乳汁而傷害皮膚；有的則因幼兒的誤食而造成消化、循環甚至中樞神經系統的傷害，不可不慎也。

五、臺灣有毒植物的地理分布及種類

有毒植物大都分布在熱帶雨林區和亞熱帶的常綠闊葉樹林內。臺灣地處熱帶與亞熱帶的交會處，境内又有多數高山，故植物帶延伸到暖溫帶、溫帶及亞寒帶；而平地除了低海拔自生種類外，更引進了數千種外來觀賞植物，這些觀賞植物常因水土相宜而歸化在全省各角落，因此總結來說，臺灣的有毒植物主要分布在海邊、庭園、平野及低海拔山區，中、高海拔山地反而較少。這樣的地理分布，無形中增加了吾人及家畜的中毒機會，故在整體的教育和防範上，要比溫帶國家多費點兒心力。

根據前人經驗的累積，以及今人在實驗室中所獲得的成果，發現有毒植物主要集中在毛茛科、大戟科、天南星科、夾竹桃科、茄科、漆樹科、罌粟科、蘿藦科、商陸科、百合科、石蒜科、豆科和杜鵑花科。其中毛茛科主要爲烏頭屬（*Aconitum*）和毛茛屬（*Ranunculus*）；大戟科主要爲大戟屬（*Euphorbia*）和變葉木屬（*Codiaeum*）；天南星科幾乎都有毒；夾竹桃科也少有無毒者；茄科主要爲茄屬（*Solanum*）、曼陀羅屬（*Datura*）；漆樹科主要集中在漆樹屬（*Rhus*）和大果漆屬（*Semecarpus*）；罌粟科多少都有毒；蘿藦科以馬利筋屬（*Asclepias*）及牛皮消屬（*Cynanchum*）較具毒性；商陸科全體有毒；百合科相當分散；石蒜科有毒者居多；豆科散見於各屬；杜鵑花科則集中於杜鵑花屬（*Rhododendron*）和馬醉木屬（*Pieris*）中。

另外，菊科、芸香科、繖形科、百部科、防己科、馬錢科、瑞香科、木蘭科等植物家族的某些屬或某些種，也是有毒的，吾人在作有毒植物辨識時，如能事先知悉該等植物所屬的科屬，並熟記上述常見的有毒植物家族，必能提高警覺，避免受到無謂的傷害。

六、有毒植物的研究歷史

研究有毒植物是一種古老而實用的科學，古代的中國、希臘、羅馬和埃及等國，都有關於有毒植物的傳說和記載。人類對各種有毒植物的認識來自實際的需要，亦即爲了尋找食物和藥物，經由試吃和試用，因而累積了許多有毒植物的知識。據說中國的遠祖——神農氏——在遍嚐百草的時候，在一日之間，就遇到了七十種有毒植物，後世的人繼承其衣鉢，繼續尋找和品嚐各種野草野花，終於累積了可觀的經驗和材料，做爲日後試驗、研究的基礎。

十九世紀以後，對有毒植物的科學性研究才逐漸開展，二十世紀下半，科學家利用有機化學和毒理學的研究方法來剖析有毒植物，於是該等植物有毒成分的化學結構、毒理作用、中毒機制等神秘面紗，乃得以逐一地揭開來。

中國對有毒植物的研究和應用開始得很早，西元前二百至五百年，也就是戰國時代，古籍「山海經」裏就記載了「莽草」、「芠」和「葶藶」可用來毒魚，「無條」能用以毒鼠，「蓇容」會造成不孕等。而更早的西周時代，已經有人拿有毒植物來做藥和殺蟲，這是大約三千年前的事了。

秦漢之後，中國人對有毒植物的瞭解更爲廣泛，當時除了應用在醫藥之外，還利用在狩獵和各種武器上，尤其是毒箭上所用的毒藥，多半皆由有毒植物中提煉而來。在漢朝的「神農本草經」裏，共記錄了 21 種有毒植物，其中包含了劇毒的烏頭、鉤吻、羊躑躅、莨菪子等。三國時代的名將關公，在某次戰役裏身中毒箭，其箭毒據說就是由烏頭的根部煉製成的，當時的人還真聰明哩！

中國歷代對有毒植物的瞭解和利用，多半集中在藥用價值方面，並有所謂的「毒藥攻邪」之說。繼漢代「神農本草經」之後，梁代陶弘景先生所寫的「神農本草經集注」專書中，就記載了 55 種有毒植物；唐朝「新修本草」裏有毒植物增加到 66 種；宋朝「經史證類備急本草」記錄有毒植物 109 種；到了明朝的李時珍，他博覽羣集，對有毒植物做了更完備的整理，在其巨著「本草綱目」中，共收錄了有毒植物一百五十餘種，並專門闢出「毒草卷」，將各種有毒植物按其毒性大小分成大毒、有毒、小毒 3 類，最後並在「諸毒」一節中，說明了 25 種草木毒和果菜毒的解救方法。西元 1765 年，清朝學者趙學敏在其論著「本草綱目拾遺」中，又增補了 19 種有毒植物。以上這些歷代有關植物的論述中，對有毒植物的毒性、中毒症狀、解救方法及醫藥用途等，均有詳簡不一的敍述，對其他用途有時也有提及。

西元 1247 年，宋朝本草學者宋慈在其著作中，提到莽草與鈎吻的中毒症狀和解救方法；南北朝一位雷斅先生則描述了用醋處理莨菪和吳茱萸的中毒情形；而「本草綱目拾遺」中引用了「白猿經」古書裏有關「射罔膏」的記載，射罔膏就是精煉的烏頭鹼，用此方法所提煉出來的劇毒「冰晶」，比歐洲從罌粟科植物中提煉出嗎啡植物鹼，還要早一百餘年，可見吾等祖先對有毒植物研究之深入。

民國二十年前後，中國學者開始研究有毒植物的化學成分和毒理學，特別是對莽草、毒箭木、百部、鈎吻、曼陀羅、雷公藤、粉防己等方面，投注了更多的心力，而狼毒、大戟屬植物，夾竹桃科植物、雞母珠、魚藤、藜蘆等有毒植物的有效成分，也被植物化學家做了廣泛性的研究。

民國五十年以後，董大成、甘偉松等教授仍不遺餘力地鑽研有毒植物；而中國大陸方面由於幅員廣大，學者衆多，各地不斷地進行區域性研究的結果，更累積了爲數可觀的資料。民國六十五年以後，年輕的中、西藥學研究者，陸陸續續做了不少有毒植物的藥理研究，甚至在化學、臨牀、人工栽培等方面，也積存了諸多的成果。最近幾年，榮民總醫院成立了國內第一個「藥物毒物諮詢中心」，將國內外諸多的藥物、毒物資料建立電腦檔案，其間當然也包括了不少有毒植物的資訊，國人可多多請益、參考和利用。

七、有毒植物的中毒途徑

臺灣自生及引進乃至歸化的有毒植物種類繁多，民間並有採集野生植物入藥的習慣，因此「毒從口入」的中毒情況較爲常見；另外，因接觸有毒部位而造成皮膚乃至其他器官中毒的實例，亦屢見不鮮。茲將有毒植物的中毒途徑歸納如下：

⑴因食用或藥用而中毒

若干帶有小毒的植物如人參、肉桂、杏仁、銀杏等，若食用過量，也會中毒。利用烏頭、藜蘆、毛地黃、博落回、雷公藤、牽牛子、商陸、山豆根、使君子、曼陀羅等入藥者，若因求癒心切，自行大量服用，也很容易中毒。

⑵因誤食而中毒

學齡前幼兒好奇心特強，又極好動好玩，故誤食大戟類植物乳汁、有毒室內植物等機率不小。而成人也可能將紅花八角果實當成食用八角，商陸根視爲人參，大花曼陀羅視爲百合花，造成冤枉的中毒現象。

⑶因間接食用而中毒

蜜蜂吸食有毒植物（如杜鵑花、雷公藤等）的花蜜後，所釀成的蜂蜜，吾人食之，即可能中毒；用烏桕木做砧板切菜切肉，用夾竹桃小枝當筷子吃飯，或以其他有毒植物的枝葉當柴火烤肉，都可能中毒。

⑷因吸入而中毒

某些植物的花粉（如豬草及澤蘭屬植物）經人畜吸入後，常造成呼吸道的感染或不適，嚴重者甚至會死亡。另外，大麻、曼陀羅、嗎啡、鴉片等植物的莖葉或植物的煉製品，在點燃吸食其氣體後，也會引起中毒現象。

⑸因接觸而中毒

大戟科、漆樹科、天南星科、蕁麻科、菊科等家族的多成員，其汁液或焮毛等碰觸到人畜的皮膚後，往往造成腫、發癢甚至潰爛等現象。而商陸、馬桑、魚藤、雞母珠在外用、加工或其他狀況下，也會因接觸而中毒。

⑹刻意食用而中毒

民間偶有人尋短，會採用吞食有毒植物的方式自我了，彼等常用的植物有魚藤、蕗藤、夾竹桃、雞母珠、巴豆馬桑、雷公藤、烏頭、鈎吻等。

八、影響植物中毒的因素

農藥、滅蟑滅鼠藥或其他有毒化學物質對動物所造成的中毒現象，其影響因素不外乎劑量、中毒動物的種類、性別、年齡、生理條件及中毒途徑等；但是植物中毒的情況遠比化學毒物中毒要複雜得多，其理由如下：

⑴對植物本身無法準確鑑定

植物中毒者常處於窮鄉僻壤，中毒後當地人無法確認肇禍植物的名稱，甚至連其性狀也無法描繪清楚，造成日後資料蒐集者的困擾。再者，許多植物同名而異物或異物而同名，例如在中國大陸被稱爲「斷腸草」的植物多達 9 科、13 屬、16 種；名爲「搜山虎」的植物更多達 9 科、16 屬、77 種；而烏頭屬的九種不同植物，居然同樣被稱爲「雪上一枝蒿」。這種種的混淆和錯誤，導致各地記載的資料和事實可能有很大的出入，大家又以訛傳訛，影響自然深遠也。

⑵有毒成分複雜

每一種有毒植物，其有毒的植物鹼，配醣體或酚類化合物等，種類常多達數十種乃至上百種，因而人畜誤食後，往往表現出多方面的中毒現象。而該等有毒成分在進入動物體後，會產生相互的化學作用或相互影響的生理作用，再加上目前還有許多人類所未知的有毒物質，彼此作用的結果，益增其複雜性。

另外，有毒植物因不同部位、不同發育階段、不同產地、不同環境狀況乃至經人爲栽培等因素，都會改變其毒性，這幾項在前面「有毒成分的變化」中已談過，故不再贅述。

九、植物中毒的類型

有毒植物對人畜可引起急性、慢性、器官功能性障礙及遺傳、突變、癌變、畸胎等多種中毒效應。一般而言，有毒植物中有明顯毒性作用的物質，可歸納爲神經系統毒性和細胞毒物，但是對於植物中有毒物質更細微和更合理的分類，則有賴於對該等物質毒害機制的瞭解。目前全世界仍然有數千種有毒植物的化學成分和毒理作用尚待進一步研究，不過某些有毒植物的有毒成分、進入動物體的過程、主要毒害部位及繼發性毒害效應等，吾人已有了概括性的瞭解，因此可以試著將植物中毒的類型分爲下述幾類。

(1)神經系統中毒

多數有毒植物的有毒物質都有一定的神經系統作用，尤其屬於急性中毒的劇毒植物，其毒性作用的部位大抵爲神經系統。神經系統中毒的症狀不僅僅是感覺功能、運動功能和思維功能的障礙或喪失，也常導致呼吸功能與心臟功能的障礙，並常因病情嚴重而造成死亡。

本類令人聞之色變的劇毒植物主要分布於夾竹桃科、罌粟科、毛茛科、百合科、杜鵑花科、衞矛科、馬錢科、防己科等家族。在神經系統中毒的病例裏，還可細分爲下列幾種類型：

a. **肌肉僵直、痙攣等**：禍首植物有馬桑、馬錢、紅花八角、茵芋等。

b. **肌肉麻木、皮膚青紫、肢端麻痺等**：此爲感覺神經麻痺性中毒，主要的禍首植物有烏頭、藜蘆等。

c. **肌肉鬆弛、四肢麻痺、昏迷等**：此爲運動神經麻痺性中毒，主要的禍首植物有雷公藤、鉤吻、木蘭、杜鵑花類等。

d. **安定、鎮靜、嗜睡、昏迷等**：此爲中樞神經抑制性中毒，主要的禍首植物有博落回、野罌粟等罌粟科成員。

e. **心跳緩慢、血壓下降、昏迷等**：此爲心臟中毒，主要的禍首植物有黃花夾竹桃、毛地黃、海檬果、馬利筋等。

某些劇毒植物如罌粟、羊躑躅及多種杜鵑花類植物，它們除了會造成中樞神經抑制性的中毒症狀外，還會讓受害者兼有呼吸受到抑制及血壓下降等嚴重中毒後果，殊屬可怕。

上述有毒植物的毒質爲何會造成神經系統的中毒呢？根據生化科學家的研究，得知神經系統對化學物質敏感性很高，神經觸點傳遞是一個化學傳遞過程，此一過程中具有專一性傳遞訊息的化學分子稱爲「神經遞質」，某些專一性的酵素和調節蛋白主控這種傳遞過程。神經遞質能對受體產生作用，而神經生物膜離子通路對此種生化過程也有重要的調節控制作用。植物毒素就是以某種化學結合的方式，來干擾這些作用，因而造成中毒反應。

神經細胞代謝過程如被破壞，將導致神經細胞的損傷或壞死；神經細胞生物膜結構的破壞，勢將造成神經細胞功能破壞。例如毒蕈中的毒傘蕈毒素，會抑制細胞核中的聚合酵素，使腦部的神經細胞壞死，因而讓受害者出現劇烈的神經系統中毒症狀。

總結說來，神經系統中毒相當複雜，同樣的中毒症狀並不表示作用的機制相同；而同一種作用機制，也往往表現出不相同的中毒症狀。因此本類植物中毒機制還有賴學者們更進一步的研究。

⑵呼吸系統中毒

不少有毒植物會危害人畜或其他動物的呼吸系統，最常見的情況是抑制呼吸，例如嗎啡等生物鹼和藜蘆鹼等痙攣性毒物，都會導致嚴重的呼吸抑制而造成死亡。這種情況通常是由於腦部的呼吸中樞中毒而引起，不過也有因其他因素而造成呼吸中毒者，例如某些植物的花粉或種子，會釋放胺類等有毒物質，引起支氣管痙攣、哮喘、呼吸困難等症狀，甚至死亡。

烏頭鹼等過去常被拿來作箭毒的劇毒植物鹼，也是一種肌肉鬆弛劑，但此類植物鹼也會阻斷神經與肌肉的連繫，破壞神經衝動訊息的傳遞，而引起肌肉鬆弛麻痹；同時受膈神經支配的呼吸肌也受到相同的作用，造成呼吸肌的麻痹。

另一種會抑制呼吸作用的植物毒素是氰甙，這種毒素在植物界中分布廣泛，其中毒作用是由於氰甙會釋放氫氰酸而引起。氫氰酸爲劇毒物質，可以透過口、鼻乃至皮膚而進入動物體內，抑制細胞色素氧化酵素的活性。這種酵素含有鐵質，能將血紅蛋白所携帶的氧移轉給細胞組織，它廣布於動物體內各種細胞中，因此受到抑制後，便會造成普遍性的細胞缺氧，導致新陳代謝和其他生理機能受損，如果連腦部的呼吸中樞也因之而麻痹，受害者便可能死亡。典型的氫氰酸中毒事件發生在誤食青梅、杏仁、桃仁等果物上，幼兒或國小學童較易受害。

⑶免疫系統中毒

若干有毒植物其毒素會暫時或長久地干擾乃至破壞免疫系統，造成種種過敏性反應，較常見的症狀有過敏性休克、過敏性鼻炎、過敏性哮喘、過敏性皮膚炎等。

第一種過敏性反應爲抗體所介導，亦即接觸過敏原後，動物體會產生反應性抗體免疫蛋白，當過敏原與反應原結合，便會誘發釋放胺類、肽類等毒素，引起鼻咽、呼吸道、胃腸及淋巴系統發炎等過敏反應，其症狀有哮喘、鼻炎、休克等。造成此類過敏性反應的有毒植物以豬草、梯牧草、翠菊及澤蘭屬植物爲代表，某些低等植物的孢子和松、杉、柏等裸子植物的花粉也會引起類似的過敏性反應。這些微細的過敏原常飄浮在空氣中，隨氣流到處散布，造成衆多人畜的受害。

第二種過敏性反應爲過敏原引起的溶血性貧血，這在植物中毒中不易見及。

第三種過敏性反應是由抗原和抗體複合物所介導的超過敏性反應。抗原會誘發大量的異種血清，導致抗原與抗體複合物的形成，終於引發多種複雜的過敏症狀，例如皮膚炎、肺炎、蕁麻疹、嘔吐等。造成此類過敏反應的植物以蕁麻科的咬人貓、蠍子草、咬人狗爲代表，其他諸如豆科及葫蘆科成員，有的也會引起類似的過敏性反應。

第四種過敏性反應是由細胞所介導的超過敏性反應。某些有毒植物中的揮發油、樹脂和水溶性配醣體能引起此種過敏反應。漆樹科植物是造成此類過敏反應的典型代表，其樹汁中所含的漆酚類物質，極易引起接觸性皮膚炎。另外，夾竹桃科、大戟科、蘿藦科等植物，也有不少種類會引發相似的過敏性反應。

⑷精神性中毒

某些有毒植物會產生氨基酸、植物鹼、配醣體等多種化合物，人畜誤食後，造成精神錯亂、狂燥、興奮、思維困難、視覺迷幻、聽覺迷幻等症狀。代表的禍首植物有曼陀羅、大麻、大花與紫花曼陀羅等；另外，若干茜草科、夾竹桃科、旋花科、馬錢科植物及毒蕈類的某些品種也都具有這種毒性。

衆所周知的大麻，其有毒成分是四氫大麻酚，它能與血漿及細胞蛋白質結合，並在腦部積蓄，對腦中的某些組織造成無法回復的損傷，因此對健康有極大的危害。難怪先進國家都明令禁止種植、製造和販售，對走私進口也嚴格加以阻絕。

⑸皮膚、黏膜的刺激性中毒

某些具有刺激性的有毒植物，常會在中毒動物的皮膚、口腔、胃腸和泌尿系統上造成毒害作用，其常見症狀有皮膚紅腫、發炎、潰爛、嘔吐、腹瀉、黏膜刺激疼痛、血尿等。天南星科的多種植物即具有此類毒素，其體內所含的大量草酸鈣及蛋白質水解酵素，往往造成人畜皮膚的紅腫和發炎。另外，十字花科、菊科、大戟科、瑞香科、金絲桃科、藜科、蓼科等家族的成員，也有不少種類會產生此等刺激性毒素。

上述刺激性毒素大抵爲強脂溶性、化學性質活潑的化合物，很容易跟接觸部位的細胞產生化學反應，和細胞核中的 DNA 結合，使細胞發生無法回復的損傷。

⑹器官損傷性中毒

某些有毒植物所產生的毒素，會使動物細胞溶解或壞死。例如雞母珠和蓖麻種子都含有高分子量的毒蛋白，該含糖蛋白由兩條鍊所組成，第一條鍊會抑制動物細胞蛋白質的合成；第二條鍊則與動物細胞表面的醣殘基相結合，最後造成普遍性的器官損傷，諸如肝腎壞死、腸胃出血及心肌纖維病變等。

另外，長春花鹼、秋水仙鹼、鬼臼毒素等，會造成細胞有絲分裂的終止和異常；黃野百合及若干菊科植物會引起肝腎的嚴重損傷，使肝細胞壞死、水腫，嚴重時導致死亡。還有一種肝中毒現象是肝臟代謝作用被破壞，造成膽汁的淤積和黃疸症，或使膽囊麻痹、腎小管壞死，最後因腎臟衰竭而死亡，馬纓丹便是這類禍首植物的代表例。

⑺致癌、致突變、致畸胎等之中毒

某些有毒植物所含的毒素能與動物細胞的 DNA 相互作用，使 DNA 的螺旋紊亂，造成細胞的癌變和突變，例如蘇鐵苷、黃樟毒素、茄鹼、烟鹼及若干菊科有毒植物鹼等。而秋水仙鹼、長春花鹼、烟鹼、茄鹼等會使動物的生殖細胞產生永久性改變，造成遺傳性的損害，這種損害雖不致影響受害個體本身，但卻會影響下一代，畸形胎兒即因此而來。

十、植物中毒的治療原則

植物中毒一般皆屬於急性者，中毒者應儘速送醫，讓醫生進行臨牀檢查和毒物鑑定；必要時，也應請植物分類學者協助辨識元凶植物，以期對症下藥，事半功倍。臨牀檢查應包括血、尿、嘔吐物、胃部洗出液及遺留毒物等，如確定係植物中毒，則應根據有毒植物的特點、進入人畜體内的途徑、中毒原理和中毒個體的特異性，給予適當的治療。在治療上還可分爲一般治療，使用解毒劑治療及對症下藥等方面。

(1)一般治療

應以阻止或減慢毒物的吸收爲首要，立即設法除去未被吸收的毒素，或避免其轉變爲惰性的代謝物，以減少被動物體進一步的吸收。因此治療的步驟如下：

a. **清洗**：中毒部位如係皮膚表面或黏膜，可用清水充分洗滌；對於非水溶性的毒物，則可選用適當之溶劑。要是植物毒素已被注射到體内，無法清洗，則可用止血繃帶緊紮注射部位的上端，並在該處注入腎上腺素，以求減緩毒物被吸收的速率。

b. **洗胃**：以稀釋四千倍的高錳酸鉀或0.2～0.5％的鞣酸溶液或熱鹽水洗胃。讓患者迅速喝下200～300cc清洗液，然後以手指或其他物品催吐，如此重複進行，直到嘔出的清洗液澄清爲止，通常需要使用3000～4000cc的清洗液方可洗淨。當然也可採用胃管法洗胃，將導管由鼻孔插入，惟在清洗前應先將胃内殘留食物抽出，以免將毒物趕入腸中。如果病人已經昏迷，則應避免洗胃；而食入之毒物如屬强腐蝕性者，則絕對禁止洗胃。

c. **催吐**：病人如前述或爲其他狀況而不適宜洗胃時，可採用催吐法。讓患者服下約100～300cc的高錳酸鉀溶液（稀釋二千倍），或硫酸銅、硫酸鋅溶液（0.3～0.5克溶於150～250cc溫水中）；也可使用碘酊（0.5cc加水500cc）讓病人服用（昏迷時應灌服），使其胃壁黏膜受到刺激而嘔吐。若病人神志清醒，則讓其喝下3％食鹽水，再以手指等機械法刺激喉部，是最簡易的催吐法；若病人不易灌服任何催吐劑，則可採用皮下注射阿朴嗎啡 5～10 毫克，當可在短時間內達到催吐的目的。

d. **導瀉**：假如植物毒素已經進入腸道，爲求迅速排出，可採用導瀉法。讓病人服用 25～50％的硫酸鈉或硫酸鎂溶液，但硫酸鎂有時會被腸道吸收，故屬於中樞抑制性中毒者不宜使用。此外，還可利用當歸、大黃、甘草等中藥材，混合明礬煮水服用，效果不錯。

e. **灌腸**：通常使用生理食鹽水或肥皂水高壓灌入，使用量約 1000cc。

f. **服用沈澱劑**：鞣酸會與部分生物鹼或重金屬形成沈澱，阻止其被動物體所吸收，而茶葉中含有大量鞣酸，故讓病人喝下濃茶，可達毒素沈澱效果。另外也可採用碘酊加入溫開水中服用，使有毒植物鹼沈澱，再用洗胃法加以清除。

g. **服用吸著劑和保護劑**：衆所周知，活性炭是優良的吸著劑，可將毒物吸著於表面，以減少被消化道吸收的量，且便於將毒物洗出。因此一般在催吐完成後，最好再讓病人服下炭粉 20～30 克，以便將胃內殘餘的毒素排出。

如果碰到腐蝕性的植物毒素，那麼應先讓患者服下植物油、牛奶、蛋清、豆漿、澱粉糊等保護劑，以保護胃腸黏膜，再用催吐或導瀉法迅速排出毒物。

h. **輸液排毒**：可用生理食鹽水、格林氏液葡萄糖生理食鹽水、洛克氏液、5～10％葡萄糖 1000～2000cc 進行輸液，使體內毒物快速排出。也可用 50％之葡萄糖 60～100cc 進行靜脈注射。一般而言，對於因大量嘔吐、下痢而失水的病患，宜使用生理食鹽水或格林氏液，配合高濃度葡萄糖液；而對於因酸中毒的病患，除輸入上述液體外，最好再加入乳酸鈉，以矯正其酸鹼度。

i. **加速排泄**：讓病人喝下大量濃茶、利尿劑等，以加速毒物從尿中排出；但如植物毒素能由腸道排泄，則可使用瀉劑，以加速毒物之排除。

⑵應用解毒劑治療

解毒劑可分爲兩類，其一是「一般解毒劑」，也就是在不明白禍首植物的種類時，所廣泛使用的解毒藥品，其解毒原理不外乎氧化與中和。當知道是酸中毒時，就使用氧化鎂乳劑、肥皂水等弱鹼加以中和而解毒，但切忌以蘇打水讓患者服用，以免在胃內產生大量二氧化碳而將胃壁脹破。如果是鹼中毒，則可使用醋酸或枸櫞酸等弱酸來中和。

在氧化方面，主要是使用稀釋二千至五千倍的高錳酸鉀溶液當氧化劑，對有機物毒素進行破壞，而達到解毒的效果。

另一類解毒劑是「特效解毒劑」，必須在確定禍首植物時，方可使用之，否則一旦誤用，很可能加重病情。

特效解毒劑的解毒原理還可分成3種。第一種是解毒劑與毒素結合，使植物毒素失去作用，例如毛地黃中毒，可利用消膽胺解毒。第二種是加速毒素的代謝，使之成爲無毒物質，例如氰甙類中毒時，使用硫代硫酸鹽解毒。第三種是解毒劑與毒物競爭受體，這種解毒方法應用較廣，例如使用毒扁豆鹼治療箭毒類中毒；使用阿托品治療毒扁豆鹼中毒等，誠所謂「以毒攻毒」也。

⑶對症下藥

植物中毒時，人畜體內各種器官的功能往往發生嚴重的障礙，必須儘速處理，方能復原。例如心臟衰弱、血管中樞及末梢血管等的循環系統障礙，必須注射强心劑。體溫下降者，則可利用樟腦精摩擦四肢；呼吸系統障礙時，可用咖啡鹼等興奮呼吸中樞，也可採用人工呼吸或輸入氧氣法。興奮與痙攣則採用在皮下注射巴比特魯劑，或讓病人吸入少量氯仿。疝痛時注射少許嗎啡；腦充血則用濕毛巾掩蓋腦門或以放血來急救。

在上述三大類治療方式擇一或混合使用完成後，爲了讓病患早日痊癒，最好再作輸血、注射葡萄糖、生理食鹽水、林氏液等之營養補充，如此還可對殘留毒素進一步稀釋，並加速排出體外；更能興奮全身機能，恢復肝臟的解毒功能，使患者快速復原。

叁、參考文獻

劉棠瑞，1952．臺灣經濟植物名錄，著者與省立博物館聯合出版，臺北。

劉棠瑞、陳建鑄，1960～1961．臺灣木本植物圖誌Ⅰ～Ⅱ，國立臺灣大學農學院出版，臺北。

甘偉松，1968．臺灣有毒植物誌，第一卷，中華民國中醫藥學會出版，臺中。

李惠林等，1975～1979．臺灣植物誌（Flora of Taiwan）Ⅰ～Ⅵ卷，現代關係出版社，臺北。

楊再義，1982．臺灣植物名彙，天然書社，臺北。

鄭元春，1985．野菜㈠，渡假出版社，臺北。

鄭元春，1987．我要認識有毒的植物，渡假出版社，臺北。

陳冀勝、鄭碩等，1987．中國有毒植物，科學出版社，北京。

華惠倫等，1991．動植物致毒的防治，渡假出版社，臺北。

中井將善，1989．毒草100種の見分け方，第四版，全園社，東京。

難波恆雄、御影雅幸，1989．毒のある植物，第二版，保育社，大阪。

一戶良行，1982．毒草の雜學，第四版，研成社，東京。

矢萩信夫，1983．有毒植物，New Science Co., 東京。

The staff of the L.H. Bailey Hortorium of Cornell University，1976．Hortus Third，Macmillan Publishing Co., New York.

Julia F. Morton，1977．Plant poisonous to people in Florida & other warm areas，second printing，Southeastern Printing Co., Florida.

Juan V. Pancho，1983．Plants poisonous to livestock in the Philippines，Kalikasan，Philippines.

Homer A. Stephens，1984．Poisonous plants of the Central United States，second printing，The Regents Press of Kansas，Kansas.

肆、索引

一、中名索引

一劃

二劃

三劃

四劃

五劃

六劃

七劃

八劃

九劃

十劃

十一劃

十二劃

十三劃

十四劃

十五劃

十六劃

十七劃

十八劃

十九劃

二十劃

二十一劃

二十一劃以上

二、學名索引

A

B

C

D

E

G

H

I

J

L

M

N

P、Q

R

S

T

U、V、W

Z

三、英名索引

D

E

F

G

H

I

J、K

W

X、Y、Z

出版的話：自然，可說就在你我的身邊，我們每天在家裏、學校、市場、庭園、路旁、郊野……都可看到許多野生或人工栽培、養殖的生物。但是，我們對他們大都「視而不見」或「見而不識」。爲此，本社特別企劃出版這套「臺灣自然觀察圖鑑」，希望今後爲了增進自然的知識、增加生活的情趣、增進觀察力並培養一份愛心，就從我們大家的生活周圍開始認識起。這是本社繼「臺灣自然大系」(民國69年起分期陸續出版)之後，第二套有關自然的系列叢書。本社仍本「企劃編輯」的作業方式，採一次規劃、分期執行，並主動約請最權威的學者、專家執筆。但是兩個系列的文字與照片等內容都完全不同。題材除了野生物外，本系列亦兼及人工栽培、養殖者。另外，並希望做到攜帶便利(採小開數)、查對方便(照片與文字編在同一頁)、價格更大衆化等特點。

本書編後語：庭院、校園、公園、道路兩旁、郊區淺山，甚至我們住家的房間，都有不少栽培或野生的植物，其中有些植物的全株或特定部位是有毒或有害的。對於這些植物，我們可能因爲接觸或誤食而受到傷害，因此對它們有更多認識是很有必要的。本書介紹我們生活周圍200種有毒的植物，每一種植物的說明包括中名、別稱、學名、英名、形態、有毒部位、中毒症狀、分布、用途，書末並有10項有用的附錄資料。希望本書的出版，能對家長、各級學校師生及喜愛植物的人有些幫助，對喜好品嚐野菜或利用藥草的人士相信亦有實際助益。

主編：陳豐麟　謹識
中華民國八十年六月

臺灣自然觀察圖鑑㉕
有毒植物

著作人：鄭元春
總策劃：陳豐麟
編　輯：吳雪媛
發行所：渡假出版社有限公司
發行人：陳豐麟　郵區：111
電話8359486(代表號)傳眞8357871
臺北市中山北路5段748巷2號
郵政劃撥：第01300953號
出版登記：局版臺業字第1894號
排　字：陽明電腦排版公司
製　版：藝德照相製版公司
印　刷：精彩彩色印刷公司
初　版：中華民國80年6月
本　版：中華民國85年4月
特　價：推廣期間　特價280元
ISBN　957-623-070-5